Ferdinand Wolf

## Über Raoul de Houdenc

Insbesondere seinen Roman Meraugis de Portlesguez

Ferdinand Wolf

**Über Raoul de Houdenc**
*Insbesondere seinen Roman Meraugis de Portlesguez*

ISBN/EAN: 9783744608701

Hergestellt in Europa, USA, Kanada, Australien, Japan

Cover: Foto ©Thomas Meinert / pixelio.de

Weitere Bücher finden Sie auf **www.hansebooks.com**

ÜBER

# RAOUL DE HOUDENC

UND INSBESONDERE

## SEINEN ROMAN MERAUGIS DE PORTLESGUEZ

VON

### FERDINAND WOLF

WIRKLICHEM MITGLIEDE DER KAIS. AKADEMIE DER WISSENSCHAFTEN

VORGELEGT IN DER SITZUNG AM 16. NOVEMBER 1864

—

WIEN
AUS DER KAISERLICH-KÖNIGLICHEN HOF- UND STAATSDRUCKEREI
—
IN COMMISSION BEI KARL GEROLD'S SOHN, BUCHHÄNDLER DER KAISERLICHEN AKADEMIE DER WISSENSCHAFTEN
1865

BESONDERS ABGEDRUCKT AUS DEM XIV. BANDE, SEITE 153, DER DENKSCHRIFTEN DER PHILOSOPHISCH-HISTORICHEN CLASSE
DER KAISERLICHEN AKADEMIE DER WISSENSCHAFTEN.

ÜBER

# RAOUL DE HOUDENC

## UND INSBESONDERE SEINEN ROMAN

## MERAUGIS DE PORTLESGUEZ.

VON

### FERDINAND WOLF,

WIRKLICHEM MITGLIEDE DER KAISERLICHEN AKADEMIE DER WISSENSCHAFTEN.

VORGELEGT IN DER SITZUNG DER PHILOSOPHISCH-HISTORISCHEN CLASSE AM 16 NOVEMBER 1864.

Raoul de Houdenc wurde, nebst Chrétien de Troies, als Meister der Sprache und Verskunst, als Muster der Trouvères angesehen.

Als solchen hat ihn schon Huon de Mery, einer seiner unmittelbaren Nachfolger und
Nachahmer, gefeiert in seinem „Tournoiement de l'Antechrist", das er mit folgenden Worten
schliesst, die wir nach der Handschrift der k. k. Hofbibliothek, Nr. 2602, Bl. 23ᵃ⁻ᵈ,
anführen[1]):

> Y maint dieu Hugon de Meri,
> Qui à grant haste a fait cest livre:
> Car il n'osoit prendre à delivre

---

[1]) Huon de Mery's Tournoiement ist nun wohl im Druck erschienen, herausgegeben von P. Tarbé (Reims, 1851, in 8°), aber
in einem wenig verlässlichen Texte. Die Wiener Handschrift, 44 Blätter auf Pergament in Folio, ist zwar erst aus dem
15. Jahrhunderte (am Ende des „Tournoiement: Explicit . . . . . anno dom. 1403"; — es scheint nach einer Abschrift des
14. Jahrhunderts gemacht zu sein, denn das erste Rubrum lautet: „Cy commencent les Tournoiemens Antecrist anno domini
millesimo CCCᵐᵒ. VIjˣ. Xᵐᵒ.). doch liegt ihr eine gute Recension zu Grunde, in der sie freilich schon veraltete, minder ver-
ständlich gewordene Wörter und Formen durch modernere ersetzt hat. — Die Handschrift enthält ausser dem Tournoiement,
des Albertano liber consolationis et consilii, in's Französische übersetzt unter dem Titel: „Le livre de Melibée et Prudence",
und mehrere Balladen, Serventois (aus dem 11. Jahrhundert) und am Ende ein paar erotische Controversfragen in Prosa, nach
Art der bekannten des Andreas Capellanus.

Le beau françois à son talent:
Car ceulx qui trouverent avant,
En ont cueilli tout à eslite.
Por ce est ceste oeuvre moins eslite.
Et plus fu fort à deffiner.
Moult mis grant force à eschever
Les dis Raoul et Crestien;
Qu' onques bouche de chrestien
Ne dist si bien comme ils disoient.
Mais quant ils distrent, ils prouvoient
Le biau françois trestout à plain,
Si com il leur venoit à main:
Si qu' après culs n' ont riens guerpi.
Se j' ay trouvé aucun espi
Après les mains aus moissonniers,
Si l'ay glenné moult volentiers.
Sy fenist le tournoiement Anteerist
Que Hugon de Meri fist et dist.

Diese Stelle gibt uns zugleich ein annäherndes Datum über Raoul's Lebenszeit; denn das Gedicht Huon's de Mery ist um 1228 [1]) verfasst und es wird darin von Raoul als einem bereits Verstorbenen gesprochen.

Fauchet nennt Raoul nebst Chrétien zwar ebenfalls „bons pères", d. i. de la littérature française; aber er und alle seine Nachfolger geben wenig Aufschluss über dessen Leben, so dass wir uns hierüber nur auf die paar Daten beschränkt sehen, die dessen eigene Werke enthalten [2]).

Selbst über Raoul's Beinamen: de Houdenc (auch geschrieben: Houdane, Houdeng und Houdaing) und die darauf zu gründende Bestimmung seines Vaterlandes sind verschiedene Meinungen aufgestellt worden; so halten noch van Hasselt (Essai sur l'hist. de la poésie franç. en Belgique. Bruxelles, 1838, 4°, pag. 7) und Dinaux (l. c. pag. 597 und 609) es für am wahrscheinlichsten, dass Raoul einem adeligen Geschlechte im Hennegau angehört habe, das seinen Namen von dem Orte Houdeng, zwischen Mons und Binch, führte [3]);

---

[1]) So wenigstens nach Tarbé's Angabe; s. dessen Ausgabe des Chevalier de la Charrete von Chrétien de Troies (Reims, 1849, 8°. p. XXVI.). — Vergl. auch Fauchet, Oeuvres. Paris, 1610. Fol. 557ᵇ.

[2]) Vergl. über Raoul's Leben und Werke die von W. L. Holland (Crestien von Troies S 51—52) am vollständigsten zusammengestellten Nachweisungen, denen jetzt nur noch anzufügen ist: Arthur Dinaux, Les Trouvères brabançons, hainuyers, liégeois et namurois (Bruxelles, 1863, 8°, pag. 597 — 609. Bildet auch den 4. Band von dessen Trouvères, jongleurs et Ménestrels du nord de la France et du midi de la Belgique).

[3]) Sie suchen diese Behauptung durch die obige Stelle aus dem „Tournoiement" des Huon de Mery zu stützen, die sie nach einer Handschrift (in Pasquier's Recherches. Paris, 1665, fol. pag. 602, zuerst angeführt) mittheilen, worin der 18. Vers also lautet:

Après la main aus Hennuyers.

Nun theilt auch Fauchet (L. c. fol. 561ᵇ) diese Stelle mit, und nach der von ihm gebrauchten Handschrift lautet das fragliche Wort: metiviers, wozu er jedoch als Varianten anderer Handschriften bemerkt: basniers und menestriers; — Tarbé's Ausgabe gibt diesen Vers also:

Après la main as mestriers

und dazu die Variante:

Après la main des boins ouvriers.

Man sieht also schon aus diesen Varianten, welche Abänderungen sich die Abschreiber erlaubt haben, und zwar indem sie die zu ihrer Zeit schon veralteten Wörter: metiviers und basniers durch die gleichbedeutenden: moissoniers und ouvriers, oder durch mit dem ersteren ähnlich lautende, wie: menestriers oder mestriers ersetzten, und so auch aus basnier oder hannier (d. i. laboureur, ouvrier) hennuyers (wenn dies nicht etwa blos verlesen ist) gemacht haben, was während schon **Dairo** und nach ihm **Corblet** (Glossaire étymologique et comparatif du patois picard. Paris, 1851, 8°, pag. 96) Raoul der Picardie vindiciren und „Houdan en Beauvoisies" (Hodenc-en-Bray, in der Nähe von Beauvais) als den Ort bezeichnen, wovon er den Beinamen trug (nach **Corblet**, l. c. pag. 214, ist **Houdent** keltischen Ursprungs und hat die Bedeutung **Wald**). Und letztere Annahme ist auch unbezweifelt die richtige, denn sie wird durch **Raoul** selbst bestätigt, der in seinem Gedichte: „La voie de Paradis" (in Jubinal's Ausgabe der „Oeuvres complètes de Rutebeuf." Paris, 1830, 8°. Tome II, pag. 242) der allegorischen Person **Pénéance** auf die Frage: „ . . . de quel païs je venoie?" — antwortet, und zwar: „sans folie":

„Dame, je sui de Picardie."

**Raoul** scheint, wenn er auch kein Geistlicher oder Clerc war, doch schon einige gelehrte Bildung gehabt zu haben und ein **Trouvère** im engeren Sinne, d. i. ein eigentlicher Kunstdichter gewesen zu sein. So citirt er in der Voie de Paradis (l. c. pag. 254—257) die heiligen Bernhard und Gregorius; und dieses sowohl als sein anderes allegorisches Gedicht: „Le Songe d'enfer" zeigen ihn als einen eifrigen Anhänger der orthodoxen Kirche und als einen erklärten Feind der Häresie der Albigenser. Auch stand er wohl jedenfalls über den Spielleuten, Sängern und Reimern von Profession, den Jongleurs und Menestrels, indem er im Eingange zu seinem Meraugis auf die „Rimeour de servanteis" und „Controdiseur" mit Verachtung herabsieht, und in seinem Songe d'enfer (in Jubinal's Mystères inédits du 15° siècle. Paris, 1837, 8°. Tome II, pag. 402) den „fols ménestrels" mit der Veröffentlichung eines Buches droht, in dem er alle ihre Sünden gelesen und sie wohl behalten habe.

Dass er in Paris wohl bekannt war, beweist eine ebenda (pag. 339) vorkommende Stelle über die „tavernier de Paris"; er war aber auch kein Verächter des Weines, wie er selbst bald darauf (pag. 390—391) gesteht, dass er in dem Kampfe mit „Versez", dem Sohne von „Yvrèce", unterlegen sei.

Wenn man aber eine ebenda (pag. 396) vorkommende Stelle nicht blos für poetische Fiction halten dürfte, so wäre er ein für seine Zeit gereister Mann gewesen:

Pylates dist et Belzebus:  
— Raoul, bien soies-tu venus!  
Dont viens-tu? — Je vieng de Sassoigne,  
Et de Champaigne et de Bourgoingne,  
De Lombardie et d'Engleterre;  
Bien ai cerchïe toute terre. —

Ausser dem Meraugis sind folgende Werke unbezweifelt von unserem Raoul verfasst: Die beiden erwähnten allegorischen Gedichte: „Le songe d'enfer" (bei **Jubinal** l. c. pag. 384—403 ganz, und auszugsweise in **Tarbé's** Ausgabe des „Tournoiement de l'Antochrist" von **Huon de Méry**, pag. 134—148 abgedruckt) und als Fortsetzung davon [1]):

---

also schon deshalb gar keine Beweiskraft hat und noch überdies zu dem Absurdum führen würde, Huon habe auch den Chrétien de Troies für einen Hennegauer gehalten! — Übrigens ist wohl die beste Lesart: metiviers oder mestiviers, und das dieselbe Bedeutung habende: moissonniers der Wiener Handschrift; denn dies entspricht am besten dem unmittelbar vorhergehenden und darauf folgenden Verse, in welchen den Erntern der Ährenleser (Si l'ay glané oder glenné) entgegengesetzt wird.

[1]) Er sagt es selbst am Schlusse dieses Gedichtes, dass er diese Fortsetzung geben werde:

Raoul de Houdaing, sans mençonge,  
Qui cest fablel fei de son songe.

„La voie de Paradis" (ganz in Jubinal's Ausgabe der Oeuvres de Rutebeuf, Tome II, pag. 227—260), welchen beiden Gedichten man sogar die Ehre erwiesen hat, sie für die Veranlassung zu Dante's Divina Commedia zu halten[1]). Jedenfalls erfreuten sie sich einer weiteren Verbreitung und Beliebtheit und erweckten Nachahmungen, wie denn das oft erwähnte Tournoiement des Huon de Mery sich unmittelbar an Raoul's Songe d'enfer anschliesst (s. Tarbé's Ausgabe pag. XI).

Dann noch ein drittes, ebenfalls allegorisches Gedicht: „Des Eles de cortoisie par quoi chevaliers doivent estre cortois" (auch von Tarbé ganz herausgegeben, l. c. pag. 149—164). Am Ende des Gedichtes wird der Name des Verfassers und der Titel des Werkes also angegeben (nach der von Dinaux l. c. 606 angeführten Handschrift, da die von Tarbé benützte einen unvollständigen und verderbten Text, besonders am Schlusse enthält):

> Raouls à toz les cortois prie
> Que de ces teches li souviegne . . .
> — — — — — — —
> Si est drois que je non i mete
> A cest romans, par foi le non:
> Li Romans des Eles a non.

Auch Huon de Mery führt dieses Gedicht als Raoul's de Houdene Werk an, Wiener Handschrift Blatt 13[1]:

> Com Raoul de Hodene racompte
> Qui des doux eles fait un compte.

Unter diesen „deux eles" oder „ailes", wovon das Gedicht den Namen trägt, sind aber die beiden Flügel zu verstehen, deren die chevalerie bedarf, wenn sie nicht blosse prouesse, persönliche Bravour bleiben und sich zu der Höhe erheben will, die ihr zukommt; diese beiden Flügel sind nämlich die Largesse und die Courtoisie, und jeder besteht aus sieben Federn (pennes) oder Tugenden, die der Ritter sich aneignen müsse, und deren Beschreibung den Inhalt des Gedichtes ausmacht (s. die kurze Analyse desselben bei Dinaux l. c. pag. 605—606).

Ausser diesen, unbezweifelt von unserem Raoul herrührenden Werken werden ihm noch einige zugeschrieben, von denen seine Autorschaft nur hypothetisch oder sehr unwahrscheinlich ist.

So wird ihm ein Roman beigelegt, der unter den Titeln: „Roman de la Rose de Vinne de Volce" oder „de Guillaume de Dole" angeführt worden ist, wovon man aber bis jetzt nur Auszüge aus der einzigen davon erhaltenen Handschrift, der Vaticanischen, bekannt gemacht hat[2]). Zu der Annahme von Raoul's Autorschaft scheint Fauchet's durch Nichts begründete

> Ci fine li songes d'enfer;
> Diex m'en gart esté et yver!
> Après ostes de Paradis;
> Diex nous i maint et nous amis.

Und in der „Voie de Paradis" nennt er sich (l. c. pag. 250, letzter Vers).

[1]) Vergl. A. Duval in der Hist. litt. de la France, Tome XVIII, pag. 790; — und Labitte in der Revue des deux mondes, année 1842, Tome XXXI, pag. 784.

[2]) S. Fauchet l. c. fol. 529b, in dessen Besitz wohl früher die Vaticanische Handschrift war; — Görres, Altdeutsche Volks- und Meisterlieder, Frankfurt a. M. 1817, 8°. S. XLVIII—XLIX; — v.d. Hagen, Briefe in die Heimat, Breslau, 1818, 8°. Thl. II, S. 342; — v. Keller, Romvart. Mannheim, 1844, 8°. S. 575—588; — Daremberg et Renan, Rapport, in den Archives des missions scientifiques et littéraires, Pour l'année 1850. Paris 1855, 8°. pag. 279—292; — Hist. litt. de la France, Tome XXII, pag. 826—828.

Aufführung (l. c.): „Car au Roman de Guillaume de Dole, Raoul de Houdenc dict etc." (folgt eine Stelle aus dem Eingang des Gedichtes) und eine Bemerkung Veranlassung gegeben zu haben," die von neuerer Hand (wohl auch Fauchet's?) neben dem Titel in der Vaticanischen Handschrift eingeschrieben worden ist, und die nach Görres' Mittheilung (a. a. O.) also lautet: „ce pse eusemblo un moin (sic; vielleicht: comme je pense, ce semble au moins?) depuis le temps Raoul Houdan, puis qu'il en dit les chansons, car Raoul estoit mort avant l'an 1221, ainsi qu'il est dit au Tournoi d'Antechrist" (s. oben)[1]). In den wenigen davon gegebenen Auszügen findet sich aber durchaus nichts, was diese Annahme bestätigte, weder in Bezug auf die Lieder, noch auf den Roman selbst.

Denn weder trägt eines der darin vorkommenden Liederbruchstücke den Namen Raoul's[2]), noch berechtigt der daraus zu entnehmende Charakter des Ganzen dazu, ihn für den Verfasser zu halten. Vielmehr spricht dieser dagegen; denn dieser Roman gehört sowohl der Sprache als seinem ganzen Charakter nach schon einer späteren Zeit, der Mitte oder zweiten Hälfte des 13. Jahrhunderts an, als man anfing diese Romans d'aventures durch Einschaltung von beliebten Liedern und Stellen aus den Chansons de geste zu würzen (hier ist auch eine Stelle aus der Chanson de geste de Garin le Loherain eingeschaltet, Rapport, pag. 282), wie in den aus nicht viel früherer Zeit stammenden Romanen de la Violette (1225); du Châtelain de Coucy (1228); d'Aucassin et Nicolette etc. Dieser neuen Würze rühmt sich der Verfasser unseres Romans gleich in den ersten Versen (Keller, S. 576):

> Cil qui mist cest conte en romans,
> Où il a fait noter biaus chans
> Por ramenbrance des chançous.

Ferner sprechen einige Stellen gegen Raoul's Verfasserschaft; wie im Eingange (a. a. O.):

> En cestui romans de la Rose
> Qui est une novele chose
> Et s'est des autres si divers.

Woraus wir erfahren, dass der Verfasser seinen Roman zwar auch de la Rose genannt habe, dass dieser aber eine ganz neue Erfindung, ganz verschieden von jenen anderen, d. i. wohl den beiden Romanen von der Rose des Guillaume de Lorris und Jean de Meung sei. Denn wenn diese Interpretation der Stelle stichhältig, und daher darin schon von den beiden

---

[1]) Vielleicht hat auch er zur Annahme von Raoul's Autorschaft Veranlassung gegeben, dass in der Vaticanischen Handschrift unmittelbar auf diesen Roman Raoul's Meraugis folgt?

[2]) Die Herren Daremberg und Renan hatten auf Veranlassung des Herrn F'. Paris den Auftrag erhalten, die Vaticanische Handschrift mit besonderer Berücksichtigung dieser Liederbruchstücke zu untersuchen, und haben sie wohl alle in ihrem erwähnten Rapport mitgetheilt (mit Ausnahme der früher schon von Herrn v. Keller in seiner Romvart abgedruckten); die meisten sind anonym, nur ein paar Male ist der Name des Verfassers im Texte angegeben oder am Rande beigeschrieben (wie l. c. pag. 282: Renaut de Hainien (wohl Beaujeu?) von Reims; — pag. 289: Renault de Sablooil; — und pag. 290: Gautier de Sagnies; — und pag. 287 ist die zweite Strophe aus einer bekannten Chanson des berühmten Aubois de Besanes, jedoch ohne dessen Namen anzugeben, aufgenommen); aber darunter weder einer Namens Raoul, und noch weniger der des Raoul de Houdenc. — Wir wollen bei dieser Gelegenheit darauf aufmerksam machen, dass sich unter diesen Liederbruchstücken auch einige von volksmässigem Romanzen, wie die bekannten von Audefroi-le-Bâtard, befinden; wie pag. 289, 281, 285—287, 289; und diese Lieder chançons d'istoire genannt werden, pag. 280:

> — Biaus fix, ce fu ça en arriere,
> Que les dames et les roines
> Soloient fere lor cortines
> Et chanter les chançons d'istoire.

(was der Plural: des autres zu beweisen scheint) berühmten Romanen von der Rose die
Rede ist, so würde die Abfassung des unseren gar erst in das Ende des 13. oder den Anfang
des 14. Jahrhunderts fallen (Jean de Meung schrieb den seinen bekanntlich kurz vor 1307),
also lange nach Raoul's Tode.
Endlich die Schlussverse (Keller, S. 588):

> Et cil (der Verf.) se veut reposer ore
> Qui le for perdi son vornon
> Qu'il entra en religion

sagen doch ganz bestimmt aus: dass der Verfasser seinen Bei- oder Zunamen an dem Tage
verloren habe, an dem er in einen geistlichen Orden getreten sei, wie das gewöhnlich
der Fall war; aber auch dieser Umstand passt, wie wir gesehen haben, nicht auf unseren
Raoul.

Diesem hat man noch einen anderen Roman, oder vielmehr ein Fabliau beigelegt,
das bekannte: Le chevalier à l'Espec[1]). Hasselt und Dinaux behaupten ganz apodik-
tisch, dass Raoul de Houdenc dessen Verfasser sei, ohne jedoch einen Gewährsmann oder
einen Grund dafür anzuführen[2]). In der Recension, in welcher dieses Fabliau uns vorliegt
(Méon, Fabliaux, I. pag. 127 suiv.). gehört es aber sowohl der Sprache als der Darstellungs-
art nach gewiss viel späteren Zeiten, als der Raoul's an.

Es müsste also jedenfalls eine ältere Version davon nachgewiesen werden, um sie unserem Raoul zuschreiben zu können, und — wiewohl wir kaum glauben, dass Herrn Dinaux's
Behauptung darauf gegründet sei — können wir in der That nun eine solche nachweisen,
die sogar einen Raoul als Verfasser nennt.

Jener Theil des in Rede stehenden Fabliau, der die Treulosigkeit von Gauvain's Ge-
liebter erzählt, ist nämlich nicht blos als lose Episode, wie in den Romanen von Tristan,
Lancelot u. a., sondern als integrirender Theil dem nun von Hippeau herausgegebenen Romane
von Gauvain, ou la vengeance de Raguidel eingefügt, und gerade beim Beginne dieser
Erzählung wird ein Raoul als Verfasser genannt, pag. 116:

> Ci commence Raols son conte
> Qui ne fait pas à mesconter,
> L'istoire fait bon à conter
> Et à oïr et à retraire.
> La matiere qui en vient traire
> Est veritals, si fait à croire.

Diese Erzählung ist, wie der ganze Roman, nicht nur in einer Sprache und Diction
abgefasst, die der Zeit unseres Raoul angehören können, sondern auch Auffassung und Darstellung sind noch viel naiver, ja roher als in dem Fabliau: auch der pikante, von dem
Fabliau ausgebildete Gegensatz von der Treue der Hunde zur Treulosigkeit der Weiber ist
hier nur angedeutet.

---

[1]) S. Holland, Creation von Troies, S. 213—211, der die vollständigsten Nachweisungen darüber gegeben hat; — diesen
fügen wir noch bei: Syr Gawayne; a Collection of ancient romance-poems .... by Syr Frederic Madden. London,
1839. 4to. pag XXXI. und 345. — Dieses Fabliau war nämlich auch dem Chrétien de Troies zugeschrieben worden, was
jedoch durch eine darin vorkommende, namentlich gegen Chrétien gerichtete Stelle schlagend widerlegt worden ist.
[2]) Hasselt l. c. pag. 8; — und Dinaux l. c. pag. 607; — letzterer drückt sich darüber mit der grössten Bestimmtheit aus:
„Joli Fabliau, attribué d'abord par erreur à Chrétien de Troyes, et reconnu (von wem? — wo!) depuis comme appartenant positivement à Raoul de Houdeng."

Nur in dem Epiloge des Romans kömmt nochmals der Name Raoul's vor:

> Raols qui-l (le conte) fist, ne vit après
> Dont il fesist grinnor acontes
> Qui n'i soit noumés. C'est li contes
> De la Vengeance Raguidel.
> Nus nel porroit trover plus bel
> N'avoir, car de lui est estraito;
> Et por ce doit estre avant traite.

Ob nun der hier genannte Raoul für den Verfasser des g a n z e n Romans gelten könne, bleibt allerdings nach der Art wo und wie sein Name genannt wird, einigem Zweifel unterworfen; und noch hypothetischer ist die Annahme, dass unter d i e s e m Raoul unser R a o u l de H o u d e n c, zu verstehen sei; aber wenn ein so scharfsinniger Kritiker und tüchtiger Philologe, wie Herr Professor M u s s a f i a, sich vom sprachlichen Standpuncte aus berechtigt glaubte, dies als „Vermuthung" auszusprechen (in Pfeiffer's Germania, Bd. VIII. S. 221 — 222); so verdient es um so mehr Beachtung, als auch vom literarhistorischen Standpuncte aus dieser Vermuthung nichts entgegenstünde.

Raoul de Houdenc's Hauptwerk ist aber jedenfalls der: R o m a n  d e  M e r a u g i s  d e P o r t l e s g u e z.

Da dieser Roman nur in Handschriften existirt[1]) und auch bis jetzt keine vollständige Analyse davon bekannt gemacht worden ist[2]), so wollen wir hier nach der Wiener Handschrift (Hohend. fol. 38, jetzt Nr. 2599) eine davon mittheilen, so wie im A n h a n g als fernere Probe davon die sehr merkwürdige Beschreibung eines Minnegerichtes an Königs Arthur Hofe.

Noch bemerken wir, dass die in der Analyse gemachten Absätze genau denen unserer Handschrift entsprechen[.]

Im Eingang[3]) sagt der Verfasser, dass Verstand (sens) und Studium erfordert werde, um eine gute Erzählung zu dichten (rimoier); dass es aber eine Freude für einen guten Erzähler (bon conteour) sei, wenn er einen tauglichen Stoff gefunden, daraus ein Werk zu machen, das Dauer verspreche. Das können jene Reimer von Dienst- und Lobgedichten (rimeour de servanteis) nicht; jene Pfuscher im Erzählen (contredisour), deren Worte nichts taugen; denn es fehle ihnen eben an Verstand und Studium. Er, Raoul, habe nun einen solchen Stoff gefunden, die Geschichte von M e r a u g i s (li comptes de Meraugis), und wolle seinen Verstand, so gering er auch sei, daran wenden, eine Erzählung davon zu beginnen, die stets gerne gehört und gepriesen werden solle, worin jede Gemeinheit (vilainie) vermieden und nur von höfischer Sitte (courtoisie) die Rede sein werde; auch werde es ihr an schönen, wohlgefälligen Worten nicht fehlen. Aber auch nur wer höfisch gebildet und wacker ist (cortois et vaillanz), ist würdig diese Erzählung zu hören. —

---

[1]) Vergl. über diese v. Keller's Romvart, S. 588—601; diesen ist noch hinzuzufügen die in der Turiner Bibliothek befindliche, beschrieben von Pasini, Codices mss. biblioth. regii taurinensis Athenaei. Taurini, 1749. in fol. Tom. II, pag. 466 bis 467. — Herr Professor Konrad Hofmann in München besitzt den vollständigen Apparat zu einer kritischen Ausgabe des Meraugis (ich habe ihm meine Abschriften dazu überlassen) und gewiss auch die vollkommene Befähigung dazu; — leider scheint er aber die Lust verloren zu haben! —

[2]) Die in der Hist. litt. de la France, Tome XXII, pag. 868—870, davon gegebene Analyse beschränkt sich nur auf die von Keller mitgetheilten Fragmente, da die Pariser Bibliothek keine Handschrift vom Meraugis besitzt.

[3]) Bei Keller a. a. O. S. 590, ganz nach unserer Handschrift abgedruckt.

So hört, ihr Herren! Zur Zeit des sehr tapferen Königs Arthur war in Grossbritannien (Bretaigne la greignour) ein König, sehr geehrt, der König von Cavalon[1]), schöner als Absalon, wacker, reich an Gut und Macht, der hatte eine Tochter Namens Lidoine, ausgezeichnet durch Schönheit und Tugenden, besonders ihres Verstandes wegen weit und breit berühmt[2]). Ihr Vater stirbt und hinterlässt sie als einzige Erbinn seiner Länder, die sie so gut zu regieren weiss, dass sie mit aller Welt in Frieden bleibt. Nachdem sie vier Jahre also von Allen geliebt regiert hatte, beschloss sie nach Lindesores zu gehen, wo die Dame „des blanches mores"[3]) ein Turnier hatte ausrufen lassen. Der Preis des Siegers im Lanzenbrechen war ein Schwan; auch durfte er das Mädchen (la pucele) von Landemore küssen, das wahrlich nicht hässlich war. Ein Sperber aber sollte der Schönsten zu Theil werden; denn nur diese durfte ihn berühren[4].

Zu diesem Turniere begeben sich alle jungen und verliebten Ritter von England (Logres) nebst ihren Schönen. Lidoine hatte an dreissig ihrer Junker (damesiaus) aufgeboten[5]), kleidete und rüstete sie herrlich aus, und von ihnen und ihren Damen begleitet, langt sie kurz vor dem Beginne des Turniers zu Lindesores an. Ein Herold von unbeschreiblicher Hässlichkeit hat sie kommen sehen; aber ohne dergleichen zu thun, als hätte er sie erkannt, läuft er zur Dame von Lindesores, um ihr zu künden, dass die gekommen sei, welcher der Sperber zu Theil werden würde, da sie die Schönste sei, nämlich die Tochter des Königs von Cavalon. Die Festgeberinn geht der Lidoine entgegen und ladet sie ein, den Platz auf der Hauptbühne (bretesche) einzunehmen; nach einigen Complimenten nahmen beide Damen gemeinsam diesen Ehrenplatz ein. Lidoine aber übertrifft alle an Schönheit[6]).

Im Turniere bemühten sich die Ritter um so mehr, sich hervorzuthun, als eine so schöne Zuschauerinn wie Lidoine sie anspornte, vor ihr sich von ihrer glänzendsten Seite zu zeigen. Nach dreitägiger Dauer des Wettkampfes erhält der Ritter Caulus (nach der Vatican. Handschr. Caulas) den Preis im Lanzenstechen, den Schwan und den Kuss des Mädchens von Landemore; aber nicht sowohl weil er in der That der beste Kämpfer gewesen wäre, sondern vielmehr, weil er der Geliebte des Mädchens war und die Anderen aus Freundschaft ihn diesen Preis gewinnen liessen. Der Preis der Schönheit, der Sperber, wurde aber einstimmig Lidoine zuerkannt. Als sie sich zur Fichte an der Quelle begab, um den Sperber zu empfangen, der dort auf einer Lanze ausgesetzt war, stellten sich ihr zwei Ritter vor, der weit berühmte Meraugis de Portlesguez und Gorveinz Cadruz (nach der Vatican. Handsch. Gorvains Cadrus). Diese beiden waren durch die innigste Freundschaft verbunden. Gorveinz entbrennt in heftiger Liebe zu Lidoine und nach einigem Kampfe zwischen Hoffnung und Furcht beschliesst er, ihr sogleich seine Liebe zu gestehen. Er ist hoch erfreut, als Lidoine seine Werbung nicht ungeneigt aufnimmt[7]).

Aber auch Meraugis, der beim Abschiednehmen Gelegenheit fand, sich Lidoine zu nähern und mit ihr zu sprechen, wird von Liebe zu ihr ergriffen. Als die beiden Freunde

---

[1]) Die Schwester des Königs von Cavalon spielt eine Rolle im Perceval (vergl. Holland, Crestien von Troies, S. 200). Nach der Vatican. Handsch. heisst der König Drscavalon (Il rois Drescavalon).

[2]) S. die lange Beschreibung ihrer körperlichen und geistigen Vorzüge bei Keller a. a. O. S. 591—594.

[3]) Nach der Vatican. Handsch.: la dame de Landemores.

[4]) Dieser Sitte wird auch im Erec erwähnt (s. Bekker's Ausgabe, v. 560 ff).

[5]) Nach der Vatican. Handsch. sind es damoiselles.

[6]) Hier wird sie mit Fenice, der Gemahlinn des Kaisers Alis und Geliebten des Cliget, im Roman gleichen Namens von Chrétien de Troies, verglichen und Lidoine's Schönheit als die vorzüglichere gepriesen (vergl. Holland a. a. O. S. 32).

[7]) Bis hieher reicht das von Keller mitgetheilte Fragment der Vaticanischen Handschrift mit den Varianten der Wiener.

darauf mitsammen fortreiten, gestehen sie sich gegenseitig, dass sie in Lidoine verliebt seien. Gorvcinz liebt sie aber blos um ihrer Schönheit, ihres Körpers willen, während nur ihre Tugenden, besonders ihre Höfischheit (Courtoisie) Meraugis' Liebe gewonnen haben. Sie gerathen darüber in Streit; sie künden sich die Freundschaft auf und wollen ihn mit den Waffen auskämpfen; umsonst suchen die Ritter vom Gefolge Lidoine's, die dazu kamen, sie zu trennen und zu besänftigen; ein erbitterter Kampf beginnt, und da beide gleich tapfer und gewandt mit Lanze und Schwert streiten, dauert er noch unentschieden fort, als auch Lidoine dazu kommt; selbst noch in ihrer Gegenwart greifen sie sich mit den Fäusten an (des poings ferir), bis sie ihnen gebietet, den Kampf einzustellen.

Trotzdem, dass die Kämpfenden Lidoine beschwören, ihnen die Schande nicht anzuthun, vor aller Welt von einem unentschiedenen Kampf abzulassen, befiehlt sie ihnen, ihn zu vertagen bis zum nächsten Weihnachtsfeste, wann der König Arthur Hof halten wird; dann mögen die versammelten Barone entscheiden; finden diese, dass der Streit mit den Waffen auszukämpfen sei, so werde sie es sich gefallen lassen, zu schauen, wer der Stärkere sei; fällt das Urtheil aber dahin aus, dass nicht durch die Waffen, sondern durch Vernunftgründe (par raison) entschieden werde, wer von ihnen beiden im Recht, wer im Unrecht sei, dann fordere sie die Einstellung jedes ferneren Kampfes. Zugleich verspricht sie, dessen Liebeswerbung anzunehmen, der dann als Sieger hervorgehen werde, sei es durch die Waffen, sei es durch das Gewicht seines Rechtes (Soit par bataille, ou par esgart); bis zu dieser Entscheidungsfrist mögen sie Frieden halten, wenn sie nicht für immer alle Ansprüche auf ihre Liebe verlieren wollen; ja vielmehr auf Abenteuer ausziehen und preiswürdige Thaten vollführen; denn es werde ihr Vergnügen machen, solches von ihnen zu hören. Beide Ritter unterwerfen sich diesem Ausspruche und geloben, so wie Lidoine, zur bestimmten Frist an des Königs Hofe sich einzufinden.

Lidoine[1]) zieht darauf heim; die beiden Ritter aber auf Abenteuer aus, die, obwohl es an sehr preiswürdig bestandenen nicht fehlte, der Dichter, wie er sagt, nicht ausführlicher erzählen will, weil er Wichtigeres zu berichten habe. Zur Zeit des Weihnachtsfestes finden sie sich, so wie auch Lidoine, zu Cardueil ein, wo der König Arthur Hof hält, auch die Königinn, seine Gemahlinn, kommt mit vielen Damen dahin. Lidoine trägt dem Könige die Werbung und den Streit der beiden Ritter um ihre Liebe vor und bittet, darüber entscheiden zu lassen. Arthur fordert seine Barone dazu auf. Der Seneschall Keuz thut wie gewöhnlich einen närrischen Ausspruch und wird von dem Grafen Guinables derb zurechtgewiesen.

Da kommt die Königinn und frägt, worum es sich handle? Der König gebietet ihr zu schweigen; sie aber erwiedert stolz, das werde sie nicht thun; wenn es sich um Liebe handle, stehe es ihr zu, darüber das Urtheil zu fällen, er habe sich nicht darein zu mischen[2]). Keuz stimmt der Königinn bei und auch alle anderen Barone sagen, dass es ihnen im Rechte begründet scheine (Que ce est droitz et reson leur semble), dass sie „Hof" (Gericht) zu halten habe (Que ele doie sa court avoir). Als der König dies hört, setzt er sie als Richterinn ein (si l'en saisist). Die Königinn fordert hierauf, dass der König und alle Männer den

---

[1]) S. diesen und die folgenden zwei Absätze nach der Wiener Handschrift im Anhange.
[2]) E. diet (la reine): — Sire rois, om est bien
Que tuit li jugement sont mien
D'amours; vous n'i aves que fere.

Palast verlassen, wo sie mit ihren Damen nun zu Gericht sitzen wolle [1]). Die Damen, eine schöner als die andere, kommen von allen Seiten und es versammeln sich mehr als „hundert Paare" (plus de cent paire). Die Königinn spricht zuerst, wie es sich geziemt, und „sagt ihnen laut zweimal" (Et leur dit en haut par deux foitz): — „Ihr Damen, merkt auf und überlegt es wohl, Ihr Alle habt es ja gehört, worüber das Urtheil geschöpft werden soll; von Euch ist das Urtheil zu schöpfen; und überall möge es wohl vernommen werden" [2]). — Da entsteht ein grosses Gemurmel; sie schaaren sich in Gruppen; jede spricht; was die eine sagt, wird von der andern widersprochen; sie können sich nicht einen, besonders wird von Anbel, dem Edelfräulein (damoisel) von Gorvoie, von der Gräfinn von Cyrencentre und dem Fräulein Avice die Frage nach allen Seiten in Erwägung gezogen.

Endlich werden durch die Vorstellungen von Lorete „mit dem blonden Haar" (au blont chief), dass die blosse Schönheit etwas ganz Äusserliches, Vergängliches und Nichtiges sei ohne Courtoisie, und nur wer diese über Alles liebe, der Liebe würdig sei, alle Damen bestimmt, sich in dem Urtheile zu vereinen, dass Meraugis' Liebe die echte sei und verdiene, begünstiget zu werden. Dieses Urtheil wird von dem Könige dem versammelten Hofe (en plaine court) verkündet. Als Gorveinz dies vernimmt, wird er sehr schmerzlich davon betroffen, er erklärt sich diesem Urtheile nicht fügen zu wollen, und besteht nun darauf, dass der Streit mit den Waffen ausgekämpft werde, um so mehr, als er nur desshalb hieher gekommen sei. Meraugis erklärt sich dazu bereit. Doch der König verwehrt es und die Königinn erklärt, dass an diesem Hofe desshalb kein Kampf mehr stattfinden könne. Nur ungern unterwirft sich Meraugis diesem Ausspruche; Gorveinz aber entfernt sich, über diesen Hof, an dem „das Recht hinke" (cloche le droit), schmähend und drohend, es sich trotz dieses Ausspruches gegen Meraugis anderweits zu verschaffen.

Meraugis, der im Palaste zurückgeblieben ist, wird noch mehr erfreut, als der König Lidoine auffordert, dass sie ihm ein Recht auf ihre Liebe einräume (qu'ele saisist — Meraugis de sa druerie), was geschehen könne, ohne der Sitte etwas zu vergeben (Si qu'il fust sanz vilainie). — „Sire," — sagen da die Ritter, — „es ist Rechtens, dass durch einen Kuss er des Fräuleins sich vergewissere" (Il est droitz que par un beisier — Il saisisse la damoisele). — Man kann sich denken, dass Meraugis damit höchlich einverstanden war. Lidoine erwiedert auf des Königs Befehl und der Königinn Zureden, aus Rücksicht für sie beide wolle sie dieses Liebespfand ihm zu nehmen gestatten (ceste saisine — Lui souffrera par vostre esgart); aber er möge sich für jetzt damit begnügen und vor Ablauf eines Jahres nichts weiter von

---

[1])          — Sire (sagt die Königinn), voidiez nous ce palés,
Mes paroles dont j'ai adés,
Tendront ce jugement ceens.

[2])          — Dames, entendez, penses-i,
Vous avez bien toutes oï
De quoi li jugemens doit (sic) estre;
De vous doit li jugemens nestre,
Et bien puisse estre ois par tout.

Wir halten die hier gegebene Darstellung eines eigentlichen Liebeshofes (cour d'amour) mit so ausgesprochener Competenz der Damen über Liebesfragen ein rechtsgiltiges Urtheil zu fällen, für um so wichtiger, als durch Diez' scharfsinnige Untersuchungen die Existenz der Liebehöfe in diesem Sinne sehr zweifelhaft geworden ist, hauptsächlich weil er keine so alten Zeugnisse dafür vorfinden konnte. (S. dessen treffliche Schrift: „Über die Minnehöfe" in den „Beiträgen zur Kenntnis der romantischen Poesie." Berlin, 1825. 8°. 1. Heft). Wir haben auch desshalb diese ganze merkwürdige Stelle im Anhange abdrucken lassen.

ihr verlangen. Doch verspreche sie, wenn er nach einem Jahre zurückkehre und sie nur Gutes von ihm gehört habe, wolle sie ihn seinem Ruhme gemäss belohnen (alors lui ferai un biau don); im Gegentheile aber würde er sie für immer verloren haben (ou il m'aura du tot perdue). Meraugis erklärt sich freudig bereit, dieser „süssen Busse" (douce penitance) sich zu unterziehen, für die Freude, ihr Ritter zu heissen, werde er Alles thun, was sie begehre. Er darf sie nun küssen; die Wirkung dieses Kusses war, dass Beide nur noch mehr von Liebe für einander erfüllt wurden (was der Dichter sehr ausführlich beschreibt); denn auch Lidoine kann sich nicht verbergen, dass sie ihn jetzt schon liebe, und bereut heimlich, ihm jene Jahresfrist gestellt zu haben; ja, wenn es noch anginge, möchte sie gerne diesen Termin abkürzen und wünscht nichts so sehr, als dass schon morgen dieses Jahr abgelaufen wäre (Que onques mes de riens n'ot tel faim — Com de changier an por demain).

Als der König sich hierauf zur Tafel setzte, wobei, weil es ein hohes Fest war, die vornehmsten Fräulein den König bedienten und Junker die Königinn[1]), erschien plötzlich ein Zwerg zu Pferde, über die Massen hässlich, denn er war die stumpfnasigste Creatur, die Gott geschaffen. Der schritt gerade auf den König los und sprach: — „Wie kannst Du hier in Freuden tafeln, da doch der beste Ritter von der Welt hier fehlt, Gaweine, Dein Neffe, der auf Deine Bitte und um die Liebe Deines Hofes zu erwerben, fortzog, das Wunder mit dem Schwerte vom absonderlichen Gehänge zu erproben[2]). Denn, wie ich von ihm selbst weiss, wollte er heute hier sein, wenn er wohlbehalten in dessen Besitz gekommen wäre (Por qu'il fust sains en sa baillie). Nun weisst Du aber, dass dies nicht der Fall ist; denn er ist nicht gekommen. Da muss ich mich höchlich verwundern, dass man an diesem Hofe Freude haben könne!" — Der König, sich nun dessen erinnernd, ist sehr darüber betroffen, und Aller Freude verwandelt sich in Sorge und Unmuth. Auf des Königs Aufforderung, ihm nicht zu verhehlen, ob Gawain noch am Leben, ob er etwa gefangen sei, antwortet der Zwerg nur, sollte es an diesem Hofe einen Ritter geben, der es wagte, ihm (Gawain) nachzuforschen, so möge er vortreten; denn sonst werde man nie mehr von ihm hören; aber er

---

[1]) 
Coustume estoit à si haut jour
Que les damoiseles servoient
Devant le roi; ja estoient
Les plus grans de la meson;
Et li damoisel de grant renon
Servoient devant la reïne.

Vergl. Villemarqué, Les Romans de la Table Ronde. Paris, 1861. 8°. pag. 231.

[2]) 
Que mesire Gawains parti,
Oan en revoisons de ci,
Por l'amour de la court conquerre,
Rois, tu ses bien qu'il ala querre
Par ton loos et par tes losenges
De l'espee as estranges renges
La merveille. — — — —

Das Aufsuchen dieses Schwertes bildet einen wesentlichen Bestandtheil des mittelniederländischen Romans von Walewein, und daher wohl auch von dessen französischem Vorbilde Gauvain; im Niederländischen heisst es: „Tswaert metten tween ringhen," doch hat Jonckbloet in seiner Ausgabe dieses Gedichtes (Roman van Walewein, door Penninc en Pieter Vostaert. Leiden, 1846—1848. 8°. Vol. II, pag. 225 ff.) nachgewiesen, dass es „wahrscheinlich identisch ist" mit dem im mittelniederländischen Romane von Lancelot mehrmals erwähnten: „Tswert metten vremden ringen", dem im Perceval und dem Graalromane mit dem hier genannten wörtlich übereinstimmenden: „Espee aux estranges renges", das auch dort dem Gauvain zu Theil wird. — Auch im gedruckten grossen Roman von Lancelot und vom Graal (Paris, 1494, in Fol.) wird Tome III, Fol. 145 des: „Espee aux estranges ranges" erwähnt.

möge bedenken, dass nur der Kühnste dies wagen dürfe. Man lasse also hören, wer sich für den Auserwählten halte, Nachricht einzuziehen über den „Chevalier as damoiseles ').

Als der König diese Rede des Zwerges vernommen, sieht er fragend seine Ritter und Freunde an, doch keiner wagt es, das Abenteuer zu unternehmen. Da tritt Meraugis vor und erbietet sich dazu, wenn seine Dame darein willige. Lidoine gibt ihm nicht nur ihre Einwilligung, sondern erklärt ihn auf dieser Reise begleiten zu wollen, wann er gelobe, so zu handeln, dass die Rückkehr möglich werde (Par treves, si tant volez faire — Que vous soiez mis au repaire). Meraugis erklärt sich bereit, ihrem Willen zu folgen. Der König ist darob erfreut, lobt des Ritters Muth und der Dame Courtoisie und hofft das Beste von ihrem Unternehmen.

Der Zwerg, nachdem er Keuz' Spott zum Schweigen gebracht, lässt sich nun nicht länger zurückhalten, sondern entfernt sich. Meraugis und Lidoine machen sich eilig auf, ihm zu folgen. Es war ein kalter Morgen und hatte geschneit, als sie sich auf den Weg machten. Sie holen den Zwerg ein, der sich wohl anstrengte, fortzueilen, aber es auf seinen eigenen Füssen thun musste, wesshalb er sich schämte. Als der Ritter ihn daher höhnisch frägt, wer ihn absitzen gemacht, antwortet er, er möge den Hohn sparen, auch er habe solchen zu erwarten; wenn er ihm aber zu seinem Pferde wieder verhelfen wolle, werde er den Hohn in Ehre für ihn verwandeln. Nämlich jene Alte, dort am Eingang der Heide, habe ihm sein Pferd genommen, von der möge er es begehren. Die Alte war eine stattliche Dame und, obwohl bejahrt, mit Spuren von Schönheit; trotz der Kälte war sie so leicht gekleidet wie im Sommer, mit einem Goldreif auf dem Haupte. Sie hielt den Zügel von des Zwerges Pferde in Händen, das sie vor sich hertrieb, und hatte den Zwerg mit dem Zügel so geschlagen, dass er genug hatte. Als sie den Ritter auf sich zukommen sah, stand sie stille und schlug ihn rücklings mit dem Zügel in's Gesicht. Meraugis will ihr den Zügel entreissen; aber sie hält ihn fest und wirft ihm vor, wie unritterlich es wäre, gegen sie Gewalt zu gebrauchen; doch wolle sie dem Zwerge sein Pferd zurückgeben, wenn der Ritter das Schild herabschlage, das dort an jener Buche hängt, unter welcher ein Zelt aufgeschlagen ist. Der Ritter, der so die Alte und den Zwerg zufrieden stellen will, thut dies; als er aber zurückkehrt, hört er grosse Wehklage, die unter dem Zelte ertönt. Unterdess hatte der Zwerg sein Pferd von der Alten zurückerhalten und es schnell bestiegen; als aber der Ritter ihn auffordert, er möge ihm nun sagen, wie er (der Ritter) Ehre für Schmach haben werde (coment j'aurai henour pour honte), erwiedert der Zwerg, er habe jetzt keine Zeit, darauf zu antworten, der Ritter werde es schon zur rechten Zeit erfahren; und damit empfiehlt er ihn Gott und macht sich so eilig davon, dass Meraugis ihn zum Teufel verwünscht und zum Zelte zurückkehrt, um die Ursache des noch fortdauernden Wehklagens zu erfahren. Er findet darin ein Fräulein (damoisele), das auf einem Maulthiere sass und einen Speer (glaive) in der Hand hielt; nebst ihr aber noch zwei Damen, die eben so sehr klagten, dass es schien, der Schmerz werde sie tödten. Als Lidoine dazu kam, brach auch sie in heftiges Weinen aus, und auf des Ritters Frage, warum sie weine, erwiederte sie, sie weine aus Mitleid mit diesen Damen und weil sie wisse, dass er durch das Herabschlagen des Schildes ihnen diesen

---

')          D'aler enquerre les noveles
             Du chevalier as damoiseles.

Worunter wohl Gauvain zu verstehen ist, der, obwohl sehr unstät in seinen Liebschaften, doch ein Liebling der Damen war (vergl. Jonckbloet a. a. O. II. pag. 30).

Schmerz verursacht habe; weshalb sie die Alte verwünsche, deren Rath er gefolgt sei. Der Ritter meint, dem sei leicht abzuhelfen, nimmt das Schild auf und hängt es an seinen früheren Platz. Als das Fräulein auf dem Maulthiere dies sah, rief sie ihm zu: — Nun ist das Schild mehr gesichert, als auf dem Boden, Niemand soll Euch deshalb mehr angreifen; Ihr habt Euch wohl aus der Sache gezogen. — Der Ritter glaubt, das Fräulein halte ihn zum Besten; aber es wiederholt, dass er sehr wohl gethan habe. Dann aber treibt es sein Maulthier an und enteilt, die Lanze in der Faust ohne weiter etwas zu sagen. Die Damen in dem Zelte weinen und schreien dem Fräulein nach: — Fort mit Dir, und kehre nimmer wieder! — Das Fräulein hört dies wohl; thut aber nichts dergleichen, als wenn deren Schmerz es nichts anginge. Der Ritter ist über all dies sehr verwundert und wendet sich nun an die Damen im Zelte, sie aufordernd, ihm zu sagen, was ihnen solchen Schmerz verursacht, und sich erbietend, alles, was in seiner Macht sei, zu thun, um seine Schuld daran wieder gut zu machen. Sie antworteten, die Sache sei so weit gekommen, dass er nicht mehr die Macht habe, abzuhelfen, er möge nicht bekümmert sein, dass seine Geliebte nun ein wenig weine; es werde eine Stunde kommen, in der sie weinen werde und zwar um seinetwegen; der Schmerz, der sie nun bewege, werde ganz anders wiederkehren; das sei nur der Anfang des Weinens; dann würden sie gegenseitig sich beweinen (.... si plorons ainsi — Ele por nous, et nous por li). Der Ritter ist erzürnt, indem er sich bedroht glaubt, er werde sich nicht einschüchtern lassen; er ergreift das Schild an der Buche und schleudert es weit hin, indem er betheuert, er wolle unter diesem Zelte heute übernachten und sehen, wer ihm dies wehren würde; der Eigenthümer desselben (mes hostes) möge nur kommen, er wolle ihn erwarten. Die Damen erwiedern hierauf, es sei ihm unverweigert, dies zu thun; ihrethalben könne er gehen oder bleiben; nur möge er es ihnen nicht beimessen, wenn ihm Gutes oder Schlimmes wiederführe. Meraugis steigt nun vom Pferde und lässt sich mit Lidoine in dem Zelte nieder indem er wiederholt: — Bei meiner Seele, das will ich thun; heisse der Riese wie er wolle, der Kampf soll mir willkommen sein[1]).

Die Damen thun ihr Bestes, um den Ritter und seine Geliebte zu bedienen. Als aber die Nacht ohne alle Störung vergangen ist, will Meraugis, der darüber sehr verwundert ist, nicht länger bleiben und nimmt beim Aubruch des Morgens Abschied von den Damen, die er nochmals bittet, ihm die Ursache ihres Schmerzes zu sagen, und wer der Herr dieses Zeltes sei, sie jederzeit seines Schutzes versichernd. Doch die Damen verweigern auch jetzt alle weitere Auskunft, er werde es zeitig genug erfahren.

Meraugis zieht daher mit seiner Geliebten fort; sie kommen in einem grossen dunklen Walde zu einer Fuhrt; da ruft sie ein Ritter an und fordert Meraugis auf, mit ihm zu kämpfen. Mit Verwunderung sieht Meraugis, dass der Ritter weder Sporen noch Reitgerte trage, noch dessen Pferd einen Zaum habe. Er ist blos mit Lanze und Schild bewaffnet; übrigens der schönste Ritter, den man finden konnte. Sie greifen sich mit den Lanzen an und Meraugis sticht den Ritter vom Pferde, der sich jedoch schnell aufrafft und zu Fusse weiter kämpfen will; Meraugis hält den ungleichen Kampf nicht für ehrenhaft und steigt ebenfalls vom Pferde.

---

[1]) 

A tant s'aslet et dist: — Par m'aime!  
Coment que li jalans alt non;  
Je ne demant si guerre non.

Nach hartem Strauss besiegt Meraugis den Ritter und zwingt ihn, zu erzählen, warum er so sonderbar ausgerüstet ist.

Dieser erzählt nun, dass der König Perci de Sabraan vor einem Jahre einen äusserst glänzenden Hof gehalten habe, wobei sich die berühmtesten Ritter einfanden. Bevor sie sich trennten, haben die Ritter, um sich einen Spass zu machen (Li vns por l'autre ahaie), Gelübde gethan im Beisein der Damen. So gelobte zuerst Guifrez') ein ganzes Jahr ohne Panzer und Helm zu kämpfen; dann Riolanz, nicht eher an einen Hof zu gehen, bevor er nicht in der Schlacht einen Ritter getödtet habe; der „hässliche Kühne" von Cornoaille (Li laitz hardiz de Cornoaille²), dass er, ohne sich Raths zu erholen, der Aufforderung jeden Mädchens von weit und breit folgen wolle; Galeun, dass er, sei es in Frieden, sei es durch Kampf, jede Geliebte, die ein Ritter mit sich führe, küssen wolle; der grausame Siguradés³), dass er jeden Ritter, den er binnen einem Jahre besiege, tödten werde; und so habe auch er gelobt, ohne Sporen, ohne Gerte und ohne Zaum, sein Pferd blos sich selbst überlassend, ein ganzes Jahr lang jeden Kampf zu bestehen, bis er Einen finde, der ihn besiege. Das sei ihm nun geschehen und Meraugis möge über ihn verfügen.

Meraugis befiehlt ihm, sich jenen beiden Damen unter dem Zelte als von ihm Besiegter vorzustellen und sie von ihm zu grüssen. Der Ritter frägt, ob Meraugis dort gewesen sei und das Schild herabgeschlagen habe; als Meraugis dies bejaht, erklärt der Ritter, er wolle lieber seinen rechten Arm verlieren, als sich dorthin begeben, das würde für ihn und auch für Meraugis selbst sehr unglückliche Folgen haben. Meraugis dringt nun in ihn, da er um die Geschichte jenes Zeltes und Schildes wisse, sie ihm zu erzählen. Da berichtet er: Der „überaus Gefürchtete" (L'outre doutez) hat jenes Schild aufhängen lassen. Dieser aber ist ein über die Massen böser und tapferer Ritter, er hat schon Viele getödtet und ist sehr gefürchtet; denn er bindet mit Jedem ohne alle Ursache an, ja, wenn irgend ein Streit entsteht, nimmt er stets die Partei dessen, der Unrecht hat, denn es gewährt ihm Vergnügen, das Recht zu unterdrücken und das Unrecht siegen zu machen. Aber trotz seiner bösen Natur wurde doch auch er einst von Liebe ergriffen und die Dame nahm seine Werbung nur unter der Bedingung an, dass er gelobte, ruhig in seinem Lande zu bleiben und Keinen anzugreifen, wenn er von ihm nicht herausgefordert und an seiner Ehre gekränkt würde. Um aber dies zu veranlassen, liess er in jenem Walde sein Schild „mit der schwarzen Schlange" (l'escu au noir serpent) aufhängen, damit man durch dessen Berührung ihn herausfordere. Aber Alle, die darum wissen, hüten sich wohl dies zu thun, ja man scheue sich, dem Schilde nur nahe zu kommen. Jenes Mädchen aber mit der Lanze hat er als Wächterinn bei dem Schilde gelassen, damit es ihm sogleich Nachricht gebe, wenn es Jemand berührt hat. Die Damen endlich, die eben so sehr das Böse hassen, wie das Mädchen das Gute, beweinen des Wütherichs Missethaten und das Üble, was daraus erfolge.

Meraugis wiederholt nun seinen Befehl, dass der Ritter sich zu den Damen begebe, da eine and cre Angelegenheit ihn abhalte, selbst zurückzukehren, was er sonst thun würde, um jenen Wütherich zu züchtigen; aber nur indem er droht den Ritter zu tödten, wenn er den

¹) Guiurel im Erec. v. 1905 und öfter.
²) I.I laiz Hardis wird auch im Erec (v. 1651) unter den berühmtesten Rittern genannt. — Vergl. Schulz (San-Marte) Die Arthur-Sage. Quedlinburg, 1842. 8., S. 305.
³) Über Seguradés vergl. Roman van Lancelot.... uitgeg. door Jonckbloet (Haag. 1846—49. 4°. Deel II. S. l.); — und den gedruckten Roman von Lancelot (Paris. 1494. Tome I. fol. 104—107).

Befehl nicht ausführe, entschliesst sich dieser dazu. Auf des Ritters Frage, wer ihn sende, nennt sich Meraugis und begehrt auch den Namen des Ritters zu wissen, der sich L a q u i s d e L a m p a g r é s nennt. Meraugis trägt ihm auf, den Damen alle Ehren zu erweisen und sie zu trösten; wenn er den Wütherich treffe, sogleich zu ihm zurückzukehren; sonst aber ihn zu erwarten und jenem zu sagen, dass Meraugis dessen Schild beschimpft habe, und wenn er es rächen wolle, möge Laquis jenen zu ihm führen; er werde bis zum nächsten Donnerstag den Weg zur Rechten einhalten. Er wolle nun den Zauberer Merlin (l'enplumeor Merlin) aufsuchen.

Laquis begibt sich zu den Damen und stellt sich als Meraugis' Gefangener und Abgesandter vor. Sie bemitleiden und beschwören ihn, doch ja des Wütherichs Rückkunft nicht abzuwarten, der ihn gewiss tödten werde; aber Laquis bleibt, seiner Pflicht gemäss. Da erscheint der „überaus Gefürchtete," wie immer voll Zorn, der sich noch erhöht, als er sein Schild am Boden liegen sieht. Er will über Laquis herfallen, ihn für den Urheber dieser Schmach haltend; der aber erzählt ihm sein Zusammentreffen mit Meraugis, und dass dieser sein Schild beschimpft und ihn gezwungen habe, hieher zu kommen, um ihm dies zu sagen. Trotzdem nöthigt der Wütherich den Laquis, mit ihm zu kämpfen; besiegt ihn, tödtet ihn aber noch nicht, indem er dies aufspart, bis er auch Meraugis besiegt haben würde, zu dem ihm Laquis den Weg zeigen müsse, und als dieser sagt, er ziehe immer den Weg zur Rechten, schlägt ihm der Wütherich das linke Auge aus, damit er nur auf den rechten Weg sehe (por asener '— à la voie qu'il ne l'oublist). So ziehen sie fort, Laquis als Führer des „überaus Gefürchteten"; und auch die Damen verlassen weinend das Zelt.

Meraugis ist unterdess, so wie er versprochen, immer auf dem Wege rechts fortgezogen, bis er am Donnerstage zu einem vierfachen Kreuzwege kam; nun war allerdings der Termin abgelaufen und er hätte frei den Weg wählen können; doch entschied er sich für den rechts gehenden und wollte ihn eben einschlagen, als ihm der stumpfnasige Zwerg entgegenkam; der schlug mit seinem Storke des Ritters Pferd auf den Kopf. Als Meraugis ihm zornig drohend befiehlt, sich fortzupacken, wenn ihm das Leben lieb sei, erwiedert der Zwerg, er möge guten Rath von ihm annehmen, er habe ihn von dem Wege zurückgetrieben, der ihm Schmach bringen würde, und wolle ihn auf den führen, der ihm zu Ehren verhelfen werde; so habe er sein ihm vorgestern gethanes Versprechen gelöst, seine Schmach in Ehre verkehren zu wollen. Meraugis verlässt daher den früher eingeschlagenen Weg und folgt dem Zwerge. Nach längerem Umherziehen gelangen sie an den Ausgang des Waldes und sehen sich gegenüber ein schönes Schloss auf Felsen; auf der zwischen diesem und dem Walde befindlichen Wiese ist eine ausgewählte Ritterschaft versammelt zu einem Turnier, das alljährlich am ersten Tage des Jahres der König Amargons[1]) hier hält.

Zu dem Zelte, in dem sich der König und die Königin befinden, umgeben von mehr als dreissig Rittern, worunter einer, ganz bewaffnet, zu Pferde, führt der Zwerg Meraugis und stellt ihn dem Könige als seinen Champion vor, der für sein Recht kämpfen wolle. Trotz des Königs Abmahnung besteht der Zwerg darauf, der König befiehlt daher, dass der bewaffnete Ritter zu Pferde sich zum Kampfe gegen Meraugis stelle. Meraugis ist allerdings über des Zwergs Frechheit verwundert und erzürnt, ihn als seinen Champion vorzustellen

¹) Im „Contes del Graal" cap. 44: „Comment monseigneur Gawains se combat contre le roi Margon et se rend le roi à Gawain" (bei R o c h a t, Über einen bisher unbekannten Perceval li Galois. Zürich, 1855. 8°. S. 137).

und für ein Recht kämpfen zu machen, was er nicht kenne; aber doch schämt er sich, ihn
Lügen zu strafen, um nicht auf sich den Schein zu ziehen, als scheue er sich den Kampf zu
bestehen. Der Zwerg aber beschwichtiget seine Vorwürfe damit, dass er ihm sagt, Meraugis
möge nicht an ihm zweifeln; er werde keinen Frieden machen, bis nicht sein Streit geschlich-
tet, und dadurch auch Meraugis von jeder Schmach befreit sein werde; dem Ritter aber ruft
er wiederholt zu: — Das ist mein Champion, kühner als ein Löwe; er hat mir's zugesagt,
dass er keinen Frieden machen werde. — Die Barone verwundern sich, wo der Zwerg einen
solchen Champion gewonnen habe; denn Meraugis besiegt nach hartem Strausse seinen
Gegner.

Als er ihn tödten will, bittet dieser um Gnade und ruft ihm zu: — Ihr habt nun das
Recht, sie zu vermählen! — Auch der König legt sich in's Mittel und sagt Meraugis, er
habe genug gethan, die Ehre sei sein, er habe sie erkämpft. Darauf reicht der König dem
Meraugis seinen Handschuh, indem er hinzufügt, hiemit belehne er ihn mit der Ehre, über
die Fräulein zu verfügen und sie zu vermählen, es seien deren mehr als hundert sehr schöne.
Als Meraugis verwundert erwiedert, das Alles sei ihm ein Räthsel, erklärt ihm der König,
dass jedes Jahr an diesem Tage alle Barone und Vasallen seines Reiches ihre heiratsmässigen
Töchter zu diesem Hoffeste einsenden müssen, wobei sich auch die Ritter einfinden; der sich
unter diesen als den tapfersten bewähre, erwirbt die grosse Ehre, jene Fräulein nach seinem
Willen vermählen zu dürfen, wobei er sich nur hüten müsse, sie unter ihrem Stande zu ver-
geben; hat er selbst noch nicht über Herz und Hand verfügt, so kann er eines für sich wählen. Diese Ehre stehe nun Meraugis zu, da sich Keiner getraut hätte, den Kampf mit jenem
Ritter zu bestehen, den er besiegt und der früher diese Ehre unbestritten behauptet habe.
Meraugis dankt für diese Ehre, betheuert aber, dem Ritter nicht eher das Leben zu schenken, bevor nicht der Zwerg das erhalten habe, was er begehre. Da lässt der König den
Zwerg rufen und fordert ihn auf zu sagen, was er verlange. Der Zwerg erwiedert, er habe
den nun zu seiner Freude besiegten Ritter, der sich aber für unüberwindlich hielt und dem-
gemäss Versprechungen machte in Bezug auf die ihm zukommende Ehre, die Vermählungen
zu bestimmen, am letzten Pfingstfeste gebeten, ihm ein Fräulein zu vermählen, auf das er
die gerechtesten Ansprüche habe, denn es sei noch stumpfnasiger, verkrümmter und bucke-
liger, als er. Der Ritter aber verweigerte es ihm und befahl ihm, sich zu packen. Da habe
er ihm zornig zugerufen, er möge sich noch nicht für so sicher im Besitze jener Ehre halten,
worauf der Ritter ihm vor dem versammelten Hofe einen Faustschlag auf seine Stumpfnase
gegeben habe. So beschimpft, wie noch nie, habe er dem Ritter zugeschworen und sich
dafür verpfändet, dass er statt der Ehre Schande haben und einen finden solle, der ihm
beweisen werde, dass die Hand, die den Zwerg schlug, ihn jener Ehre verlustig gemacht
habe. Dieser sein Champion sei gefunden, er stehe nun hier als Sieger; den fordere er auf,
sein Begehr zu erfüllen und ihm jenes Fräulein zu vermählen; denn, wenn es auch von hoher
Abkunft sei, so könne auch er sich rühmen, dass sein Vater ein Verwandter des Königs sei.
Der König bestätigt dies, indem er lächelnd hinzufügt: — Ich schäme mich des Zwerges
nicht; denn das Sprichwort sagt: auch im höchsten Walde gibt es Sträuchlein (N'est si haut
bois qui n'ait buscille); — und fordert Meraugis auf, dessen Begehr zu erfüllen, denn das
Pärchen sei ganz für einander geschaffen. Meraugis thut dies; bittet aber den König, dies-
mal die Anderen an seiner statt zu vermählen und verspricht, wenn er am Leben und unbe-
siegt bleibe, nächstes Jahr an diesem Tage sich hier einzufinden und dann selbst diese Ehre

zu verwalten. Jetzt aber müsse er sogleich fortziehen. Der König willigt ein und fordert Meraugis auf, ihm seinen Namen zu sagen, was dieser thut. Der König und alle seine Ritter begleiten hierauf Meraugis bis zum Eingange des Waldes, wo sich dieser von ihnen beurlaubt. Unterdess sind Laquis und der „überaus Gefürchtete" an der Stelle angelangt, wo sich die vier Wege kreuzten und wo Meraugis dem Zwerge begegnet war. Da aber zugleich der Tag abgelaufen war, bis zu welchem Meraugis versprochen hatte, den Weg zur Rechten einzuhalten, so wusste Laquis nicht anzugeben, welchen er eingeschlagen habe. Der Andere möge selbst wählen; er werde ihm folgen. Der Wütherich ist sehr erzürnt darüber und meint, nun sei er berechtigt, Laquis zu tödten. Doch beschliesst er, ihn leben zu lassen, da er damit Meraugis eine Schmach anthue; jeder von ihnen schlage einen anderen Weg ein, und wenn Laquis vor ihm mit Meraugis zusammentreffe, so möge er ihm sagen, welche Schmach er ihm angethan, indem er Laquis, seinen Boten, also zugerichtet zurücksende; dann lässt er sich noch Meraugis' Schild von Laquis beschreiben, damit er ihn erkenne, wenn er ihn treffe. Darauf trennen sie sich, ohne Abschied und Gruss. Nach längerem Umherirren kommt Laquis eines Morgens in ein Gehölz in der Nähe der Ebene von Laubragrouce. Dort ersah ihn zuerst Lidoine und macht Meraugis auf ihn aufmerksam. Er begrüsst Laquis; ist aber sehr betroffen, als er ihn so übel zugerichtet, mit dem ausgeschlagenen Auge, sieht. Laquis sagt ihm nun, dass ihm, als seinem Boten, dies geschehen, und dass Meraugis dadurch geschändet sei. Meraugis verspricht nun hoch und theuer, er werde diese Schmach rächen, und entweder das Leben verlieren, oder die rechte Hand dessen ihm abgehauen übergeben, der ihn also verstümmelt hat. Laquis erwiedert, das möchte er allerdings noch sehen, wie sich diese Beiden, die er gleich hasse, auf Leben und Tod bekämpfen; doch könne er nicht angeben, wo der Wütherich zu treffen sei, den er vor drei Tagen verlassen habe. Nun aber könne er nicht weiter ziehen, ihn aufzusuchen, da er sehr leidend sei; er wolle vielmehr nach Lampagrée heimkehren. Beim Abschiede wiederholt Meraugis sein Versprechen und Lidoine wird durch Laquis' Leiden zu Thränen bewegt.

Meraugis durchzieht nun manches Land, um den Zauberer Merlin aufzusuchen. Eines Morgens kommt er auf einem Wege längs des Meeres zu einem Fels, der mitten in der Ebene steht, über die Massen hoch, ganz aus einem Stücke und ganz grün von dem ihn umrankenden Epheu. Auf dem Gipfel dieses Felses sieht Meraugis ein Dutzend Fräulein; sie sitzen auf einer Wiese unter einem Lorbeerbaum und klagen in einem fort; aber nicht über Vergangenes, sondern über das Zukünftige. Meraugis eilt auf den Fels zu, findet aber nirgends einen Zugang; nachdem er dreimal um den Fels herumgegangen ist, ruft er den Damen die Frage zu, wie hinauf zu gelangen sei?

Die Damen antworten, er habe hier nichts zu suchen, was er wolle? — Und als Meraugis wiederholt, er wolle hinaufgelangen und mit ihnen sprechen, weisen sie ihn wiederholt ab und wollen nicht weiter antworten. Da frägt sie Meraugis, ob sie ihm keine Nachrichten über Gawains, den Neffen des Königs Arthur, geben könnten. Worauf eine der Damen erwiedert, er möge den Weg rechts aufwärts gehen, bis zu jenem Gehölze am Fusse des Berges, dort werde er eine Capelle finden und ein Kreuz, wie er nie ein schöneres gesehen, bei diesem Kreuze möge er sich Raths erholen. Meraugis entgegnet, da sie ihm die verlangten Nachrichten nicht geben wollten, möchten sie ihm doch sagen, auf welchem Wege er am sichersten den Zauberer Merlin finden könne. Worauf eine der Damen erwiedert: — Du wirst schon davon reden hören, glaube es; siehe mich an; sieh hier den Zauberer, hier bin ich, da wirst Du Dir noch genug vergebliche Mühe machen können; mehr aber werden wir Dir nicht darüber sagen, weder dies, noch das, weder ja, noch nein [1]). — Meraugis ruft erzürnt, er sei nicht hieher gekommen, um mit sich spassen zu lassen; schon vor mehr als einem Monate habe ihm der Zwerg gesagt, dass, wenn er je den Zauberer finden sollte, er hier von ihm hören würde. Er droht, sich den Zugang mit Gewalt zu erzwingen; worauf jene Dame entgegnet, er möge sich keine Mühe geben, der Fels sei unbesteiglich. Voll Zorn gibt es Meraugis auf und entschliesst sich, den Weg nach jener Capelle mit dem Kreuze einzuschlagen. Dort angelangt, sucht er ringsum, aber vergeblich, nach einem lebenden Wesen, das ihm die verlangte Auskunft geben könne; neuerdings glaubt er, man habe sich mit ihm einen Spass gemacht.

Da entdeckt Lidoine auf dem einen Arme des Kreuzes eine Inschrift in goldenen Buchstaben und Meraugis, der des Lesens kundig war, liest Folgendes: — Ritter, der Du hier Rath suchest, Dir biete ich die Wahl unter drei Wegen an. Der erste Weg heisst der lohnlose (sanz merci); denn wer auf ihn sich begibt, wird nie Lohn erlangen; von ihm gibt es keine Rückkehr, ausser man verzichtet auf jeden Lohn. Der zweite Weg heisst der widersinnige (contre raison); wer diesen wählt, muss sich gefasst machen, Alles widersinnig zu thun; nirgends wird er einen Menschen finden, der ihm etwas zu Sinne mache (qui raison lui face). Der dritte Weg, der zur Rechten, ist der namenlose; und zwar, weil noch Niemand von ihm hieher zurückgekehrt ist, man daher nicht wisse, wohin oder wozu er führt, oder ob von ihm anderswo eine Rückkehr möglich sei. Du kannst nun wählen, welchen der drei Wege Du gehen willst.

Meraugis, nachdem er mit Lidoine berathen, entschliesst sich für den namenlosen Weg. Auf diesem gelangt er durch einen Wald auf eine Fläche und sieht vor sich am Fusse eines Berges die „namenlose Stadt" liegen, die dann eine „verlorne" wurde (. . . . la cité sanz non . . . Qui puis fu la cité perdue)[2]). Die Stadt war sehr schön und reich, am Meere gelegen, worauf viele grosse Schiffe sich befanden. Indem er auf die Stadt zureitet, begegnet er zwei Fräulein, denen ein Zwerg vorschreitet. Er grüsst sie, worauf sie antworten: — Herr, Ihr habt wohl gute Absichten (Sire, vous avez les bones pensees). — Und nur noch im Vorbeigehen so laut, dass es der Ritter hören konnte, ausriefen: — Aber Ihr wart übel berathen (mar fus)! — Unbeirrt dadurch zieht er weiter und begegnet einem Jungen, den er grüsst, der aber erwiedert seinen Gruss nicht, bleibt nur ein wenig stehen und ruft ihm dasselbe wie jene Fräulein zu. Meraugis verwundert sich darüber und Lidoine wird von grosser Furcht

---

[1]) 
    — Ja en erras parler, ce erol, —
    Cele respont, — esgardes-moi;
    Vees el l'enplumeour, je l'sui;
    Asses porras mauer mes hui;
    Que ja plus el ne t'en dirons,
    Ne ce, ne quoi, n'ce ne nous. —

Diese räthselhaften Worte werden auch durch den Verlauf der Erzählung nicht aufgeklärt (weshalb wir sie möglich wörtlich übersetzt haben), wie überhaupt das ein paarmal blos erwähnte Aufsuchen des Zauberers Merlin durch Meraugis ohne allen Zusammenhang mit dessen übrigen Schicksalen bleibt. Vielleicht könnte man es so deuten, dass Meraugis von dem allwissenden Zauberer Oswain's Aufenthalt zu erfahren gehofft habe?

[2]) In „Messire Gauvain ou La Vengeance de Raguidel", pag. 175, kommt das „Schloss ohne Namen" vor auf einer Insel von der Zauberinn Llagrenote erbaut:

    Mais Il fu el Castel sanz non,
    Qui siet en une Ille qui flote,
    U damoisele Llagrenote
    Le mist par son encantement etc.

erfüllt; doch der Ritter spricht ihr Muth ein und sie nähern sich der Stadt so sehr, dass sie von denen in derselben erblickt werden. Da hören sie vom Schlosse zur Übergabe blasen (corner prise) und einen Lärm machen, wie wenn die Stadt eingenommen würde. Mit wachsender Verwunderung sehen sie nun, wie durch das Thor der Stadt eine Menge Menschen strömt; alle Damen aus derselben kamen singend und Reihentänze schlingend¹), alle Ritter trefflich beritten dem Meraugis entgegen.

Als sie zusammentrafen, begrüsste **Meliadus**, der Seneschall, der den Zug anführte, so wie Alle aus der Stadt den Ritter, der den Gruss erwiederte. Er folgte ihrer Einladung und zog mit ihnen in die Stadt, wo das Volk ihn umdrängte, anstaunte und seine Erscheinung besprach. Meraugis achtete zwar wenig auf ihr Gerede; doch hörte er sie wiederholt zu einander sagen: — Der ist nicht weniger übel daran (Cil n'est mie mains granz d'annui). — Sie reiten durch die Stadt bis zum Meere hinab, wo sie ein Schiff im Hafen finden. Meliadus fordert nun Meraugis auf, dieses Schiff zu besteigen und nach der Insel, die er ihm zeigt, überzufahren. Da Meraugis sich dessen weigert, sagt er ihm, es sei Sitte, dass Jeder, der hier durchkomme, dahin überfahre; ja er droht Meraugis dazu zu zwingen; und als dieser erklärt, er werde sich dagegen wehren und nicht eher überfahren, bevor er nicht wisse warum, entschliesst sich Meliadus es ihm zu sagen.

Es hause nämlich in dem Thurme auf jener Insel ein Ritter mit seiner Dame, und ausser ihnen nur noch zwei Zofen und ein Diener. Könne Meraugis den Ritter, der ihn erwarte, besiegen, dann ist die Dame und das Schloss sein; werde er aber von jenem besiegt, falle er den Bewohnern der Stadt anheim, die mit ihm thun können, was sie wollen. Desshalb hätten die Damen der Stadt den Gesang angestimmt, weil sie sich auf diesen Kampf freuen. Als Meraugis hört, dass es sich darum handle, erklärt er sich sogleich bereit, ihnen diese Freude zu machen, worüber Alle nur noch lauteren Freudensang anstimmen.

Meraugis lässt sich nun sogleich überführen; der Kampf mit dem Ritter beginnt und zwar so hartnäckig mit Lanze, Schwert und mit der Faust (sehr ausführliche Beschreibung desselben), dass sie bis Mittag kämpfen, ohne dass einer den andern besiegt hätte, worüber die von der Stadt sich sehr freuen, Lidoine aber grosse Angst hat.

Meraugis selbst verwundert sich über die Stärke seines Gegners, dessen Schläge er kaum aushalten kann.

Indem sich Meraugis etwas zurückzieht, frägt er den Ritter um seinen Namen, erfährt nun zu seiner freudigen Überraschung, dass es sein Freund Gawains sei, den zu suchen er auszog, und gibt sich ihm zu erkennen. Als Meraugis sich nun für überwunden erklärt und Gawains auffordert, mit ihm zu kommen, erwiedert dieser, das könne nicht sein und erzählt ihm dann: in jenem Schlosse wohne eine Dame, die schönste in der ganzen Umgegend, sie ist Herrinn der Insel, der Stadt und dieses ganzen Landes. Einst verliebte sie sich in einen sehr tapferen Ritter und vermählte sich mit ihm; wurde aber so eifersüchtig auf ihn, dass sie das Schloss auf dieser Insel erbauen liess und sich mit ihm hieher zurückzog. Es durfte Niemand ohne ihren Befehl die Insel betreten; doch sollte jeder Ritter, der in ihr Land käme, gezwungen sein, auf die Insel überzufahren und mit ihrem Champion zu kämpfen. Von diesem

---

¹)   
Les puceles dont l ot tant,  
Vicnent chantant et font quarrolles,  
Seigneurs, que onques so maleroiles  
Ne veistes groignour!......

wurden viele Ritter besiegt. So verlebten sie sieben Jahre; da sei auch Gawains bieher gekommen, habe mit dem Gemahl der Dame kämpfen müssen und habe diesen getödtet. Nun aber habe er zu seinem grossen Verdrusse auf der Insel zurückbleiben müssen, und werde von der Dame so lange zurückgehalten, bis ein Stärkerer kommt und ihn tödtet. Dies habe jeder seiner Nachfolger zu erwarten. Desshalb sei er genöthigt, mit Meraugis den Kampf auszukämpfen, und besiege dieser ihn, werde er an seiner Stelle als Vertheidiger des Schlosses und der Dame sein Lebelang hier bleiben müssen. Gawains verwünscht sein Schicksal, das ihn nun zwinge, mit seinem Freunde auf Leben und Tod zu kämpfen, ja er wäre bereit, sich selbst zu tödten, könnte er dadurch dem Freunde Leben und Freiheit erhalten. Die Freunde berathen sich nun, wie sie sich beide retten könnten. Da schlägt Meraugis vor, sie sollten ihren Kampf zum Scheine bis zum Abende fortsetzen, und zwar in dem Thale in der Nähe des Meeres und so, dass sie von denen von der Stadt und von der Dame im Schlosse gesehen würden; bei eintretender Nacht werde er seine Vertheidigung einstellen und sich zu Boden werfen; Gawains möge dann über ihn herfallen und thun, als tödte er ihn, den Helm ihm abnehmen und in's Meer werfen, so dass es Alle sehen und glauben, er habe ihm den Kopf abgehauen; darnach möge er sich entfernen; Meraugis werde, sich todt stellend, bis zur völligen Nacht liegen bleiben; dann aber sogleich zu ihm kommen, um weiter zu überlegen, wie sie von hier fortkommen könnten.

Gawains geht auf diesen Vorschlag ein und die Freunde führen das Verabredete auch aus. Als sich aber das Gerücht verbreitet, dass Meraugis besiegt sei und auch zu Lidoine's Kenntniss kommt, überlässt sich diese der masslosesten Verzweiflung. Zwar nimmt sich ein Fräulein Namens Avice ihrer an, bringt sie nach seiner Behausung und sucht sie zu trösten; aber Lidoine bricht nur in noch heftigere Klagen aus und wünscht sich den Tod.

Meraugis macht sich in der Nacht auf und geht in das Schloss, wo er die Dame mit ihrer Dienerschaft an der Tafel findet. Diese erschrecken gewaltig über das Erscheinen des Todtgeglaubten und halten ihn für ein Gespenst. Er treibt, unter Androhung sie alle zu ermorden, sie in ein Zimmer, das er abschliesst und ihnen gebietet, sich schweigend zu verhalten, sonst werde er das Schloss anzünden.

Dann geht er zu Gawains, lässt sich mit demselben an der Tafel gut geschehen und beide legen sich zur Ruhe. Des andern Morgens kleidet sich Meraugis in die Gewänder der Dame, unter denen er sein Schwert verbirgt; geht zum Meeresstrande und winkt den Schiffern, ihn aufzunehmen. Diese halten ihn für ihre Gebieterinn und landen. Da springt Meraugis in das Schiff mit solcher Kraft, dass die Balken erdröhnen, zieht sein Schwert und ruft den Zitternden, ihnen die blosse Klinge zeigend, zu: — Seht da, die ist eure Herrinn, und wenn ihr meinem Willen nicht nachkommt, wird sie euch allen den Tod geben, gehorcht ihr mir aber, sollt ihr bekommen, was ihr wollt. Die Schiffer halten das Letztere für gerathener.

Meraugis befiehlt ihnen, beim Thurme zu landen, wo er Gawains abholt und ihn in's Schiff führt. Dann segeln sie auf das hohe Meer und suchen den Hafen von Handitou zu erreichen, ein Land, dessen Herr der Graf Gladovenis ist; doch fuhren sie beim Landen so heftig an einen Fels an, dass das Schiff barst und die Bemannung nur durch die Hilfe des Grafen gerettet wurde, der eben an das Meer gekommen war und die beiden Ritter erkannt und begrüsst hatte.

Der Graf nimmt sie gastfrei in sein Schloss auf und bewirthet sie nach besten Kräften. Aber Meraugis ist ganz trostlos über die Trennung von der Geliebten. Gawains bietet umsonst

Alles auf, ihn zu beruhigen, er will nicht eher ruhen und rasten, bis er nicht Lidoine wieder aufgefunden habe und beschliesst sie aufzusuchen. Gawains bedauert, ihn, dem er seine Befreiung verdanke, nicht begleiten zu können; denn seine Ehre erfordert es, dass er vor allen das „Schwert mit dem wunderbaren Gehänge" (L'espee as renges de merveilles) aufsuche und es an den Hof des Arthur bringe, wie er versprochen. Sollte er aber eher als Meraugis dorthin kommen, wolle er sogleich wieder aufbrechen, um ihm zu Hilfe zu ziehen. Dessgleichen gelobt Meraugis, wenn er eher an Arthur's Hofe anlange, dem Gawains ohne Verzug zu Hilfe zu ziehen. Nachdem sie sich von dem Grafen beurlaubt und ihm die Versorgung der Schiffer empfohlen hatten, die dieser zusagt, trennen sich die Freunde, von dem Grafen mit guten Pferden und Waffen versehen, und jeder zieht seinem Ziele nach.

Meraugis frägt nun jeden, der ihm begegnet, nach der Stadt ohne Namen, und jeder, statt ihm zu antworten, lacht ihn aus, ihn für einen Narren haltend. Er kommt darüber und vor Schmerz über Lidoine's Verlust so ausser sich, dass er die ganze Welt verflucht, Gott anklagt und selbst vom Paradiese nichts wissen will, wenn er Lidoine nicht darin finde.

So gelangt er an den Eingang eines Geheges. Dort lag Mares[1]) auf der Lauer, der, wie er den in sich versunkenen Meraugis gewahr wird, ihn angreift und zum Kampfe zwingt. Während desselben kommt aus dem Walde ein Ritter, in dem Meraugis den „überaus Gefürchteten" erkennt, ohne aber von ihm erkannt zu werden, indem dieser weiter zieht. Auf Meraugis' Wunsch, lieber diesen Verhassten bekämpfen zu können, willigt Mares ein, von dem Kampfe für jetzt abzustehen und Meraugis dem Anderen nachfolgen zu lassen, unter der Bedingung, dass, wo immer er Meraugis wieder treffe, sie mit den Waffen, die sie gerade zur Hand haben würden, ihren Kampf ausfechten sollten. Meraugis geht darauf ein und macht sich auf, die Spur des Wütherichs zu verfolgen, was ihm durch den Schnee erleichtert wird. Er kommt zu einem Schlosse ganz von Marmor; durch das Thor sieht er einen Platz, in dessen Mitte eine Fichte steht, so grün wie im Sommer, um dieselbe herum Mädchen, die Tanzlieder singen, und nur einen Ritter, der eifriger als alle singt; dieser Ritter ist der gesuchte Wütherich. Meraugis ruft ihm zu, er möge das Singen lassen und sich ihm zum Kampfe stellen, denn er wolle seine, an Laquis ihm zugefügte Schmach nun rächen. Als Meraugis aber in das Schloss eintritt, hat er auf Alles vergessen, selbst auf die Geliebte.

Meraugis fängt nun selbst an, eifriger wie die übrigen zu singen[2]). Der Wütherich aber tritt da aus dem Schlosse und betrachtet vom Thore aus den Angekommenen; an dessen Schildzeichen erkennt er, dass es Meraugis ist. Erfreut den über Alles Gehassten gefunden zu haben, kann er ihm doch nichts anhaben, so lange er innerhalb dieses Schlosses verweilt; denn wie er wieder einträte, müsste er selbst nur wieder singen. Da will er so lange vor dem Thore warten, bis Meraugis herauskomme, der jetzt auf ihn gar nicht achtet. Aber der Hunger zwingt den Wütherich, den Platz zu verlassen. Er geht dies Bedürfniss zu befriedigen; bald aber kehrt er wieder und schlägt sein Zelt vor dem Thore auf, entschlossen, hier so lange zu verweilen, bis er seine Rache an Meraugis befriedigt hätte. Dieser fährt inzwischen im Singen von Tanzliedern fort.

---

[1]) Über den hier sehr abrupt erwähnten Mares kommt in der Folge nichts weiter vor; sollte darunter der in dem Romane von der Tafelrunde so berühmte Estor oder Hector de Mares, der Bruder Lancelot's, gemeint sein? — Denn nach dem portgiesischen Romano von Lancelot, von dem wir später sprechen werden, wird Meraugis in der Thal von Estor de Mares zum Zweikampf genöthiget. — Übrigens fehlt hier in unserer Handschrift ein Vers.

[2]) Ein ganz ähnliches Abenteuer wird im mittelniederländischen Gedichte von Lancelot erzählt. (Jonckbloet's angeführte Ausgabe, Thl. I, S. 109, V. 16168 ff.)

Doch wir kehren zu Lidoine zurück. Diese wusste Avice, bei der sie Aufnahme gefunden hatte, durch Versprechungen zu bewegen, sie in ihre Heimat zu begleiten. Schon in der Nähe derselben angekommen, trafen die beiden mit dem Ritter Belchis (li lois) zusammen; der war ein Ausbund von Hässlichkeit, aber sehr streitbar und reich begütert, so dass er einer der angesehensten und gefürchtetsten Barone von Cavalon war.

Wie Belchis Lidoine erkennt, begrüsst er sie und bietet ihr als Freund ihres verstorbenen Vaters sein Schloss als Herberge an, was sie annimmt und dort sehr gastlich empfangen wird. Belchis hatte sich nach Meraugis erkundigt und von Lidoine vernommen, dieser sei getödtet worden. Da fasste er einen Plan. Denn als des andern Morgens Lidoine heimziehen will, macht er ihr den Antrag, da sie nun frei sei, sich mit seinem Sohne Espinegres zu vermählen, der wohl der schönste Mann der Umgegend sei und von seinem Oheim Mellians des Lilz[1] am nächsten Pfingstfeste den Ritterschlag erhalten werde. Lidoine gibt vor, den Antrag gerne anzunehmen, doch müsse sie vorher in ihr Reich zurückkehren und sein Sohn erst zum Ritter geschlagen sein, bevor sie sich mit ihm vermähle. Belchis aber verwehrt ihr die Rückkehr und erklärt, er werde sie hier in seinem Schlosse so lange gefangen halten, bis sie seinen Sohn zu ihrem Gemahl und Mitregenten von Cavalon gemacht habe. Lidoine stellte sich, auch dies sich gefallen zu lassen; sann aber auf Anderes.

Denn Lidoine hasste Belchis und dessen Sohn von ganzem Herzen und sinnt nur darauf, von ihm sich zu befreien. Da ruft sie Avice, berathschlagt mit ihr, und sie kommen überein, dass Avice Urlaub von Belchis begehre, unter dem Vorgeben, sie wolle heimkehren; aber den Ritter Gorveinz Cadruz aufsuche, den sie in seinem Schlosse Pantalion finden werde, ihm den Tod des Meraugis melde und ihn in Lidoine's Namen auffordere, Alles anzuwenden, sie zu befreien; wenn es ihm gelinge, wolle sie ihn zu ihrem Gemahle machen, und sollte er dies nicht thun können, erneue sie jedenfalls ihm zum Herrn ihres Reiches.

Auch solle Avice zu Lidoine's Seneschall Enchiec „dem rothen" (le rous) sich begeben, und in ihrem Namen ihm gebieten, Gorveinz aus allen Kräften in der Bekämpfung des Belchis zu unterstützen. Zu ihrer Beglaubigung möge sie dem Seneschall diesen ihren, ihm wohlbekannten Ring zeigen. Avice thut, wie ihr geheissen, und findet glücklich Gorveinz, der über die Massen erfreut ist über diese Botschaft und verspricht, Alles aufzubieten, um in Lidoine's Besitz zu kommen.

Gorveinz versammelt alle seine Freunde, die mit Freuden ihre Hilfe zusagen. Desgleichen ruft der Seneschall die Vasallen Lidoine's und die Bürger von Cavalon auf, ihre geliebte Herrin zu befreien, wozu alle gerne bereit sind. Sie empfangen mit allen Ehren Gorveinz als ihren einstweiligen Regenten, der vollends durch die Freigebigkeit, womit er die Schätze des Reiches unter sie vertheilt, ihre Herzen gewinnt (bei dieser Gelegenheit spricht der Dichter das Lob der Freigebigkeit als einer Cardinaltugend aus).

Es entbrennt nun ein sehr blutiger und hartnäckiger Krieg; denn Belchis bringt nicht minder eine grosse Macht zusammen und will von einer Auslieferung Lidoine's nichts wissen. Trotz der grossen Tapferkeit des Seneschalls wäre dieser in der Schlacht gegen Belchis unterlegen, wenn nicht noch zu rechter Zeit Gorveinz zu Hilfe gekommen wäre, der Belchis zur

---

[1] Meleant de Lis im Perceval und im „Contes del Graal"; — vergl. Schulz (San-Marte) die Arthur-Sage S. 231 und 307; — Holland, Crestien von Troies, S. 200 und 202; — Rochat a. a. O. S. 134; — im Erec, V. 1686; — im gedruckten Prosa-Roman von Lancelot (Paris, 1494. Tome I, fol. 219); — vergl. auch Jonckbloet's Ausgabe vom Lancelot, Theil II S. CCXII.

Flucht zwingt. Dieser erreicht sein festes Schloss Campaudone. Gorveinz aber besetzt die Ebene von Haudouin und belagert „das weisse Schloss" (le blanc chastel), eines der best-gelegenen in England, am Wege nach Campaudone.

Durch Sturm und Feuer zwingt er die Vertheidiger dieses Schlosses, es zu verlassen, und macht die Ausfallenden zu Gefangenen.

Dann zieht Gorveinz gegen Campaudone, am Flusse Handidone gelegen. Als Belchis sich von dessen Heer rings eingeschlossen sieht, macht er einen Ausfall, verliert aber dabei die meisten der Seinen und muss sich wieder weiter flüchten in sein festestes Schloss, das von Monthaut, das aber fast uneinnehmbar ist, denn auf der einen Seite wird es vom schottischen Meere, auf der anderen von hohen steilen Felsen geschützt. Dorthin hatte er seine Frau, Familie, seine beste Habe und auch Lidoine bringen und das Schloss mit Allem wohl versehen lassen. Gorveinz war ihm auch dahin nachgezogen und sah wohl ein, dass dies Schloss schwer würde zu bezwingen sein; doch er wusste Lidoine darin, und das bestimmte ihn, Alles daran zu setzen, es zu erobern.

Trotzdem dass Gorveinz das Land ringsum verwüstet, Belagerungsmaschinen aufführen lässt und die Ausfälle der Belagerten zurückschlägt, halten sich diese, vom Meere aus durch Zufuhren unterstützt, denn sie sind im Besitze des Hafens.

Doch sehen wir uns nach Meraugis um. Singt der noch? Ja wohl, so wie die Geschichte erzählt, die Raoul in's Französische übertrug[1]), sang Meraugis noch an die zehn Wochen fort, bis ein anderer Ritter kam, ihn abzulösen. Denn so lange musste der dort Eingetretene fortsingen, Alles darüber vergessend, und daher war dort immer Einer, der sang. Als Meraugis nun aus dem Thore tritt und sein Pferd besteigt, hört er die Nachtigall schlagen, sieht alles grün wie im Frühling; er hält sich für bezaubert, alles für Täuschung; denn er glaubt, es sei noch derselbe Tag, an dem er hier eingetreten war, da war's noch voller Winter, um Neujahr, alles voll Schnee. Nach und nach kommt ihm die Erinnerung an die Geliebte, an den Wütherich, den er hier gesucht. Er sieht sich überall um und erblickt endlich das Zelt, das jener vor dem Thore aufgeschlagen hatte. Meraugis pocht heftig an dasselbe; aber Niemand ist darin; denn jenem war es doch zu lange geworden und er war fortgezogen. Umsonst sucht Meraugis im Walde ringsum, kehrt immer wieder zum Zelte zurück, brennt vor Begierde, mit jenem sich zu messen; voll Verdruss entschliesst er sich endlich, auch weiter zu ziehen.

Meraugis kommt in einem Walde zu einem Kreuzwege und sieht dort Leute, die ein Kreuz aus Holz schnitzen und es dann aufrichten. Da kann er nicht länger zweifeln, dass es Osterzeit sei und dass er so lange Zeit beim Singen zugebracht habe. Er verwünscht dies, wie ein teuflisches Blendwerk, denn was werde nun aus Lidoine geworden sein, die ihn für todt hielt, die werde nach so langer Zeit nun für ihn verloren sein. Ganz ausser sich darüber, setzt er seinen Weg fort.

Am Eingang einer Heide trifft Meraugis endlich mit dem „überaus Gefürchteten" zusammen. Beide erkennen sich, sind darüber sehr erfreut und fordern sich gegenseitig heraus auf Leben und Tod.

[1])

Quarole-il (Meraugis) encore? — oïl;<br>
Einsi com la matire conte,<br>
Raouls qui romans (sic; romancia?) le conte,<br>
Trove que onques ne fina<br>
De queroler . . . . . .

Der Kampf wird von Beiden mit ausserordentlicher Kraft und Ausdauer geführt (vom Dichter sehr ausführlich beschrieben). Beide sind verwundet und erschöpft, Meraugis sogar schwerer.

Sie machen eine Pause und jeder bewundert des anderen Kraft und Muth. Als Meraugis aber sagt, er werde entweder sein Versprechen dem Laquis erfüllen und die Hand, die jenen geschändet, ihm abgehauen bringen, oder das Leben lassen, setzen sie nur noch erbitterter den Kampf fort.

Ganz mit Wunden bedeckt, kann keiner mehr Schwert oder Schild halten, und doch packen sie sich von neuem und ringen bis zur gänzlichen Erschöpfung.

Sie fallen beide zu Boden; der Wütherich stirbt und Meraugis hat nur mehr so viel Kraft, dass er ihm die rechte Hand abhaut, sie zu sich nimmt und fest an seiner Brust verwahrt; dann sinkt auch er ohnmächtig zusammen.

Bald darauf kam an den Ort, wo die beiden Kämpfer lagen, ein Trupp Reiter; es war Melians des Lilz mit seinem Neffen Espinegres und mit seinem Gefolge, der seinem Vetter Belchis zu Hilfe zog. Sie betrachteten die Liegenden und erkannten in dem einen den „überaus Gefürchteten", über dessen Tod sie sich freuten, aber schlossen zugleich, dass, der ihn zu überwinden vermochte, ein noch gewaltigerer Kämpe gewesen sein müsse, obwohl sie ihn nicht erkannten. Da steigt die schöne Odeliz, die Geliebte des Melians, vom Pferde und nähert sich dem Meraugis voll Mitleid; sie überzeugt sich, dass er noch lebe, und meint, wenn es ihr gelänge, ihn wieder herzustellen, würde sie da dem Belchis einen Streiter zuführen können, der wohl weder von Gorveinz, noch von einem Anderen besiegt werden könnte. Melians lässt daher eine Tragbahre zurecht machen und dem Meraugis seine Waffen abnehmen; als Odeliz ihm auch die abgehauene Hand, die er an seiner Brust verwahrte, wegnehmen will, schlägt er die Augen auf und sieht sie wild an; sinkt aber wieder in Ohnmacht. Odeliz legt ihm die abgehauene Hand wieder auf die Brust, wischt ihm das Blut ab und verbindet seine Wunden, wobei ihr vorzüglich Espinegres Hilfe leistet. So legen sie ihn auf die Bahre, die von zwei Pferden fortgetragen wird und ziehen mit ihm zum Belchis.

Den todten Wütherich aber lassen sie liegen. Sie kommen zu einem Hafen, schiffen sich ein und gelangen glücklich nach dem Schlosse Monthaut, wo sie Belchis mit Freuden empfängt. Die Belagerer hatten die Ankunft dieses Zuzugs wohl gesehen, konnten sie aber nicht hindern, da er von der Meerseite kam. Belchis erkundigt sich angelegentlich nach dem mitgebrachten verwundeten Ritter; man konnte aber ihm nur sagen, dass man ihn neben der Leiche des „überaus Gefürchteten" gefunden habe, über dessen Tod auch Belchis erfreut ist, für seines Besiegers Pflege der Odeliz dankt und ihn ihrer weiteren Sorge empfiehlt. Er wird in einem ruhigen Theile des Schlosses untergebracht. Er konnte schon ein wenig sprechen und auf sein Begehr wird die abgehauene Hand in einem Schranke wohl verwahrt, als wenn es eine heilige Reliquie gewesen wäre.

Lidoine hatte, als Meraugis durch den Saal getragen wurde, wo sie war, nicht auf ihn geachtet; denn sie war ganz in ihren Schmerz um den todtgeglaubten, aber ihr unvergesslichen Geliebten versunken, nahm an nichts Antheil und grämte sich fast zu Tode. Eben so wenig ahnte Meraugis, dass er sich so nahe der Geliebten befand, noch wusste er, bei wem er aufgenommen worden sei.

Meraugis erholt sich unter der Pflege von Odeliz bald so, dass er mit ihr sprechen kann und erfrägt nun von ihr den ganzen Hergang. Er ist natürlich hoch erfreut, sich unter einem

Dache mit Lidoine zu wissen; aber er will sich nicht eher nennen, bevor er nicht Gorveinz bekämpft habe, den er hasse. Odeliz theilt dies den Rittern im Schlosse mit, die mit Vergnügen vernahmen, einen solchen Kampfgenossen gewonnen zu haben, zu Meraugis sich begeben und ihn durch Trost und Anerbietungen aufzuheitern sich bestreben. Er bittet sie aber, ihn allein zu lassen, da er noch zu schwach sei, Lärm zu vertragen; denn er will ungestört seinen Liebesgedanken sich hingeben können.

Er bricht in Klagen der Sehnsucht aus nach der Geliebten (die er mit Allem, was ihm theuer ist, vergleicht) und fühlt, dass er nicht eher genesen werde, bevor er sie nicht wieder gesehen habe.

Diese Sehnsucht macht ihm seinen abgeschlossenen Aufenthalt unerträglich. Am Ostertage sucht er, so gut er kann, sich von seinem Lager zu erheben und begehrt von seiner darob verwunderten Pflegerin unter die Leute geführt zu werden, um sich zu zerstreuen. Trotz dem, dass diese ihn noch nicht für hinlänglich geheilt dazu hält, gibt sie seinen Bitten nach und führt ihn hinauf zu den Anderen, wo ihn die Ritter mit Freuden bewillkommnen. Sie lässt ihm einen Sitz auf Teppichen bereiten. Aber wie hässlich nimmt er sich da aus, denn sein Kopf ist ganz geschoren; es fehlte ihm nur noch die Pritsche, um ganz einem Narren gleich zu sehen, und ein Narr war er in der That; sein Beginnen war ein närrisches.

Denn als nun die Damen in den Saal kamen, den Verwundeten zu sehen, und auch Lidoine mit ihnen eintrat und ihn erblickte, suchte er sich ihr zu erkennen zu geben und nahm das Tuch, womit er sich verhüllt hatte, vom Kopfe; ja er blickte sie mit all' dem Ausdruck der Liebe an, der sie nicht länger zweifeln liess, Meraugis zu sehen. Davon wurde aber Lidoine so ergriffen, dass sie in Ohnmacht fiel und wie todt zusammen stürzte. Das machte wieder einen solchen Eindruck auf Meraugis, dass seine Wunden zu bluten begannen und auch er das Bewusstsein verlor. Alle waren darüber sehr betroffen und verwundert; man brachte die beiden Ohnmächtigen nach ihren Zimmern und zu Bette. Odeliz eilte von dem einen zum andern und suchte, als sie sie wieder zu sich gebracht hatte, die Ursache dieses Vorfalls von ihnen zu erfahren. Aber Meraugis antwortete nur: — Das Feuer, nach dem ich mich gesehnt habe, hat mich getödtet. — Und Lidoine, dass der Anblick jenes hässlichen Narren sie so erschreckt habe, dass sie aus Furcht vor ihm sterbe oder von Sinnen kommen werde. Trotz der Versicherung, jener sei kein Narr, sondern ein verwundeter, tapferer Ritter, fiel Lidoine von neuem in Ohnmacht. Da machten sie ihr das Kreuzeszeichen auf die Stirne, in dem Glauben, dem Teufel dadurch zu wehren, sie um den Verstand zu bringen.

So litten die beiden Liebenden allerdings grosse Schmerzen; aber sie hatten die wahre Ursache davon, ihre gegenseitige Liebe, den Anderen zu verbergen gewusst, indem sie das Feuer und die Narrheit, freilich Wirkungen derselben, als die Ursachen anklagten.

Aber lassen wir die Liebenden, die, nur an einander denkend, noch gute Weile im Schlosse Monthaut zubringen mussten, und sehen wir uns nach Gawains um, der auszog, das wunderbare Schwert aufzusuchen. Er hatte es gefunden und kam, damit umgürtet, zu Ostern nach Butost, wo eben König Arthur Hof hielt. Der König und Alle waren sehr erfreut über Gawains' Rückkunft und empfingen ihn mit grossen Ehren.

Als sie sich zur Tafel setzen, erscheint eine Dame auf einem Maulthiere, mit einer Gerte (escourgie) in der rechten Hand. Es ist Avice, Lidoine's Freundinn; sie grüsst alle sehr höflich, nur Gawains nicht. Um die Ursache befragt, warum sie ihm ihren Gruss verweigere, antwortet sie, er verdiene nicht, von einer Dame gegrüsst zu werden, er, der sonst viel Gepriesene, habe sich nun durch seine Faulheit tief erniedrigt.

Auf Gawains' Frage, wodurch er diesen Vorwurf verdient habe, erzählt sie, wie Meraugis durch ihn getödtet worden und Lidoine in Belchis' Gewalt gekommen sei, der sie nun auf der uneinnehmbaren Veste Monthaut gefangen halte; es sei allbekannt, dass sie Gawains' wegen den Geliebten und die Freiheit verloren habe, und wenn er ihr nicht helfe, so sei er auf immer dadurch entehrt.

Gawains fragt, ob es sich wirklich so verhalte, wie Avice erzählt habe, und lässt es sich von Allen und selbst vom Könige bestätigen; er stellte sich aber unwissend und diese Fragen, um die Anderen in dem Glauben zu lassen, dass Meraugis todt sei; damit nicht Gorveinz und Belchis, wenn sie erführen, Meraugis lebe, etwas zu dessen Schaden unternähmen. Dann aber erklärt Gawains, eingedenk des Versprechens, das er Meraugis bei ihrer Trennung in Handitou gegeben, er werde alle seine Macht aufbieten, Lidoine zu befreien und schon am andern Morgen sich dazu aufmachen. Alle anwesenden Ritter beeifern sich in die Wette, sich Gawains' Unternehmen anzuschliessen. Sie erkundigen sich bei Avice nach dem Zustande des Schlosses Monthaut, und als sie von ihr hören, dass man es nur einnehmen könne, wenn man ihm von der Meerseite die Zufuhr abschneide und es einschliesse, räth Agravains[1] die Schiffe in allen Häfen dieses Landes auszurüsten und zu bemannen und sich mit ihnen im Meere vor Monthaut aufzustellen. Dieser Rath wird von Gawains und Allen gebilligt.

Der König bietet zur Unterstützung dieses Unternehmens alle seine Schätze an und in allen Häfen bis nach Island werden die Schiffe und Seeleute dazu aufgeboten, um sich in Estrivelyn zu versammeln, und selbst von Duvelyn kommen Schiffe dahin. Am ersten Montag im Mai ist die Flotte versammelt und da findet sich auch Gawains mit einem grossen Gefolge von Rittern ein; er lässt die Schiffe mit Allem wohl versehen und sie segeln ab. Gawains aber begibt sich zu Lande nach Monthaut. Als er dort ankommt, hat bereits die Flotte von dem Hafen Besitz genommen und den Belagerten die Hilfe vom Meere aus abgeschnitten.

Gorveinz ist sehr erfreut über Gawains' Ankunft und die Hilfe, die er ihm gebracht. Gawains beginnt mit den Seinen allsogleich die Bestürmung des Schlosses, dessen Vertheidiger allerdings sehr an Muth und Hoffnung verlieren, als sie sich vom Meere abgeschnitten sehen und von Gawains' Ankunft hören. Trotzdem suchen sie sich zu wehren, so gut sie können und es gelingt ihnen, den ersten Sturm abzuschlagen.

Unterdess war Meraugis nicht nur vollständig geheilt, sondern auch wieder ganz so kräftig wie früher geworden. Auch er war erfreut über Gawains' Ankunft, aber um so tiefer betrübt und höchlich erzürnt, dass er auf keine Weise mit Lidoine zusammenkommen und sie sehen konnte; denn Odoliz wusste jede Gelegenheit dazu zu vermeiden, in der Meinung, Lidoine würde durch den Anblick des Ritters, der ihr solchen Schreck verursacht hatte, von Neuem erkranken. In Zorn und Verzweiflung darüber begehrt Meraugis bewaffnet zu werden, er wolle ausziehen, Gawains zu bekämpfen. Belchis sucht zwar die Gefahr seines Beginnens ihm vorzustellen, ist aber am Ende damit zufrieden und lässt ihm das beste Pferd aus seinem Stalle und treffliche Waffen geben, Pferd und Waffen ganz blank und weiss, wovon er der „weisse Ritter" (le blanc chevalier) genannt wurde.

---

[1] Agravain, bekanntlich ein Bruder Gauvain's, der in allen Romanen von der Tafelrunde, besonders in dem von Arthur's Tode, eine bedeutende Rolle spielt.

Dem Meraugis wird das Thor geöffnet und er wendet sich sogleich nach der Gegend, wo Gawains sich befindet, mit erhobener Lanze zum Zweikampfe herausfordernd. Gawains sieht ihn und erkennt seine Absicht; aber Calogrevains[1]) kommt ihm zuvor und begehrt den Zweikampf mit dem weissen Ritter zu bestehen.

Kaum sind sie auf einander mit eingelegten Lanzen losgeritten, als Calogrevains aus dem Sattel fliegt und zu Boden stürzt; auch im Schwertkampfe muss er sich bald überwunden bekennen. Da fordert Meraugis von ihm, dass er zu Gawains sich begebe und ihm sage, der weisse Ritter wolle sich mit ihm schlagen. Gawains lässt sich allsogleich waffnen und stellt sich zum Kampfe mit Meraugis.

Nachdem beide ihre Kräfte gemessen und Gawains den Gegner als ebenbürtig erprobt hat, gibt sich Meraugis zu erkennen und begehrt nun von Gawains, er möge zum Lohne für Alles, was er für ihn gethan, im Angesichte Aller sich als überwunden von ihm bekennen und ihm sein Schwert übergeben. Gawains thut dies und lässt sich von Meraugis wie sein Gefangener fortführen.

Darüber ist die Trauer und Beschämung unter den Belagerern eben so gross, wie die Freude und der Stolz der Belagerten.

Als Meraugis mit seinem Gefangenen zu Belchis zurückgekehrt war, fordert er Gawains auf, wenn er nicht wirklich als Gefangener behandelt werden und in enge Gewahrsam kommen wolle, ihm den Eid der Treue und Folge gegen Jedermann zu leisten. Gawains zieht es vor, dies zu thun; denn es sei ihm keine Unehre, eines so guten Ritters Mann zu werden. Durch solches Beispiel wurden Belchis und die Seinen bestimmt, ebenfalls dem Meraugis als ihrem Führer und Oberherrn Treue zu schwören, ja Belchis beredet sogar seinen Vetter Melians des Lilz dazu, der sich anfangs dessen geweigert hatte.

Unter Meraugis' Anführung, an dessen Seite Gawains ficht, machen sie des andern Morgens einen Ausfall und sie dringen vor bis zum Zelte des Gorvein; da werfen sich aber die Ritter der Tafelrunde, die Gawains begleitet hatten und nun ihn fangen wollten, da sie sich seiner schämten, zwischen die beiden Heere und drohen den Ausgefallenen den Rückzug abzuschneiden, so dass diese es für gerathen finden zurückzukehren, sich aber mit Aufwand all' ihrer Kräfte den Weg durch die Arthurritter bahnen mussten, deren sie bei dieser Gelegenheit eine gute Anzahl gefangen nahmen und mit sich in das Schloss führten.

Als Meraugis mit diesen seinen Gefangenen vor Belchis erschien, meint dieser, es wäre am besten, wenn er sie ihm zur Verwahrung in den Kerkern seines Schlosses übergäbe; aber Meraugis erklärt vielmehr den Gefangenen, dass er denen, die ihm Treue gelobten, die Freiheit schenken würde, was die meisten thun und bei Meraugis bleiben. Lidoine hatte mit angesehen, wie der weisse Ritter vor Allen sich in den Kämpfen dieses Tages ausgezeichnet hatte und sie erkundigt sich nun nach ihm; als sie hört, dies sei derselbe, den sie für einen Narren gehalten und der ihr solchen Schreck verursacht habe, kann sie es durchaus nicht glauben und besteht so sehr darauf ihn zu sehen, dass Odeliz ihr endlich nachgibt und sie zu Meraugis führt.

Als die Geliebten sich sehen, stürzen sie sich in die Arme und halten sich lange sprachlos umschlungen. Belchis, der Zeuge davon ist, wird darüber sehr erbosst, ergreift Meraugis

---

[1]) Calogrevains, im Lancelot (Paris, 1494, Tome II, fol. 60) Calogrenant genannt; im englischen Roman von Arthur, Part III, cap. 79 und 80: „Sir Colgrevance"; — im Chevalier au lyon: Qualogrenans; s. die Ausgabe von Holland (Hannover, 1862, S. 6).

4 *

beim Arme und befiehlt ihm, sich zu entfernen. Da gibt Meraugis sich zu erkennen und schwört, seine Ansprüche auf Lidoine mit Gewalt zu behaupten. Als Belchis trotzdem sie ihm vorenthalten will und ihn zu tödten droht, schilt ihn Meraugis einen Verräther, denn er habe ihm Treue geschworen; und als Belchis darauf den Meraugis schlagen will, ergreift ihn Gawains und hätte ihn niedergeschlagen, wenn Melians des Lilz die Streitenden nicht getrennt hätte. Belchis ruft wüthend die Seinen auf, ihm beizustehen; doch Melians stellt ihm sein thörichtes Beginnen vor und dass jeder, der sich gegen Meraugis auflehne, einen Treubruch begehe; habe doch Belchis mit allen den Seinen ihm Treue geschworen, ja ihn selbst dazu beredet, so dass er nun gezwungen sei, sich auf Meraugis' Seite zu stellen und ihn zu vertheidigen. Als die Leute des Belchis noch überdies sehen, dass die freigegebenen Arthurritter, Gawains und Melians sich um Meraugis schaaren, rufen sie ihrem Herrn zu, sich zu fügen und dem Meraugis die Geliebte zu übergeben. Dieser aber erwiedert, hier sei von Übergeben nicht mehr die Rede; denn er habe sie schon und werde jeden dagegen sich Auflehnenden mit Gewalt zum Schweigen bringen; doch wolle er mit Belchis, wenn er sich im Guten füge, Frieden machen, ihm Land und Leute lassen und ein Freundschaftsbündniss auf gegenseitige Treue abschliessen. Da erklärt sich Belchis für überwunden, Lidoine für frei und nimmt das Bündniss an.

So hatte Meraugis allerdings seine Dame wieder gewonnen, aber noch fehlte ihm der Besitz ihres Landes. Denn einer der Gefangenen war entsprungen, zu Gorveinz geeilt und hatte ihm das Vorgefallene mitgetheilt. Da brach Gorveinz sogleich sein Lager ab und zog nach Cavalon, um es in Besitz zu nehmen.

Als nun auch die übrigen Belagerer, die über Gorveinz' plötzlichen Abzug bestürzt waren, durch Gawains und Meraugis selbst, die sich zu ihnen hinaus begeben hatten, den wahren Hergang erfuhren, verwandelte sich ihre Bestürzung um so mehr in Freude, als die Arthurritter nun allen Tadel von Gawains' ihnen unerklärlichem und so schmachvoll erschienenem Betragen verschwunden, ja in Ehre für ihn verwandelt sahen. Sie werden von Belchis in sein Schloss aufgenommen und aufs beste bewirthet. Da erscheint des anderen Morgens vor dem Schlosse ein Fräulein, das sich als eine Abgesandte von Gorveinz Cadruz ankündet.

In Aller Gegenwart sagt sie Meraugis, Gorveinz habe zwar von Cavalon Besitz ergriffen, doch sei er bereit, statt in einer Fehde, in einem Zweikampfe mit Merangis sein Recht zu vertheidigen, und zwar am nächsten Pfingstfeste am Hofe des Arthur, da er einst an jenem Weihnachtsfeste von dessen Hofe für sachfällig (fors jugiez) erklärt worden sei. Merangis nimmt natürlich sogleich und mit Freuden diese Herausforderung an und verspricht, am bestimmten Tage sich an Arthur's Hof einzufinden. Von der Geliebten und seinem Freunde begleitet, zieht Meraugis am Pfingsttage in Cantorbire ein, wo Arthur eben Hof hält. Auch Laquis hatte sich dort eingefunden und Meraugis gibt ihm zum Ersatz für das ihm vom Überausgefürchteten ausgeschlagene linke Auge dessen abgehauene rechte Hand.

Gorveinz war ebenfalls dort angekommen mit grossem Gefolge, worunter mehr als hundert Damen. Er begehrt vom Könige Arthur den Zweikampf mit Meraugis; da auch dieser sich dazu bereit erklärt, gibt Arthur seine Erlaubniss, und die Ritter betreten den Kampfplatz.

Die Ritter bekämpfen sich mit nie gesehener Bravour; aber endlich wird Gorveinz überwunden. Er bittet Meraugis, ihn an ihre Freundschaft und Waffenbruderschaft erinnerud, ihm das Leben zu schenken, und verspricht, ihm dann wieder so treu anzuhängen, wie früher. Meraugis geht auf seine Bitte ein, und sie werden eben so innige Freunde, wie jemals. „Nun hat Meraugis Alles erreicht, was er gewollt!"

„Die Geschichte sagt nichts weiter darüber; hiermit hat auch Raoul de Houdenc von seiner Aufgabe sich befreit, er der dies Buch begann von dieser Materie. Sollte einer mehr davon sagen wollen, als er gesagt, so sage er es immerzu; denn Raoul schweigt nun davon[1])".

---

Wie aus der vorstehenden Analyse erhellt, schliesst sich dieser Roman d'aventure (denn das ist er eigentlich)[2]) wohl an den Sagenkreis von der Tafelrunde an und hat einen darin mehrfach genannten Ritter zum Helden gewählt; aber die von ihm erzählten Abenteuer scheinen ganz Erfindung des Dichters zu sein und nicht einmal so viel sagenhafte Grundlage zu haben, wie z. B. die Romane von Tristan, Erec, Perceval, Lancelot, Gauvain u. s. w. Sein Gedicht ist noch ausschliessend der Darstellung und Verherrlichung des höfischen und ritterlichen Lebens gewidmet und noch ganz frei von aller Verbindung mit der Graal-Mythe. Courtoisie und persönliche Bravour (prouesse) sind dem Dichter die höchsten Ziele des Ritterthums[3]). Das Wunderbare ist ein blos äusserlich angewandtes und dem aus dem Keltischen in den Sagenkreis von der Tafelrunde eingeführten entlehntes.

Als Erfindung ist der Roman aber nicht ohne Werth und zeichnet sich durch Einheit und Einfachheit der Fabel vor den meisten seiner Gattung aus. Die Abenteuer, an denen es natürlich nicht fehlen durfte, sind doch mit Geschick verbunden und stehen mit dem Ganzen in solchem Zusammenhange, dass sie nur selten als ganz müssige oder willkürliche Episoden erscheinen. In der Schilderung und Motivirung innerlicher, psychologischer Zustände ist der Dichter allerdings noch ziemlich unbeholfen; aber in den Beschreibungen, wie z. B. von Lidoine's Schönheit, von den Kämpfen des Meraugis mit Gauvain, dem „Überausgefürchteten" u. s. w. zeigt er schon bedeutende Gewandtheit und Anschaulichkeit, und für die Sittengeschichte enthält sein Werk einige interessante Details, wie die Ertheilung des Sperbers als Preis der Schönheit, die im ritterlichen Übermuthe gemachten Gelübde, und namentlich die sehr merkwürdige Darstellung des Liebeshofes der Königin (s. den Anhang).

---

[1])
Li contes faut, si se delivre
Raoul de Hodene, qui cest livre
Comença, de ceste matire.
Ne nus l trove plus que dire,
Que il n'i a dit, die avant,
Que Raoul s'en test aitant.

Explicit li romans de Meraugis de Portlesguez, par maistre Raoul de Hodenc.

[2]) Unter dieser Rubrik ist er auch ganz richtig in der Hist. litt. de la France, Tome XXII. pag. 868—870, eingereiht, und nur weil die Verfasser blos den von Kellar mitgetheilten Eingang kannten, konnten sie zweifelnd hinzufügen: Seulement il semble, par le début, que cette composition se rapporte plutôt au cycle de la Table ronde qu'elle n'est un roman d'aventures.

[3]) So hat Raoul die Courtoisie als eine der höchsten Tugenden des Ritters, als einen der beiden Flügel der Chevalerie, in seinem „Roman des Eles" gepriesen (der andere ist die Largesse) und so hat er in Meraugis, der Lidoine nur wegen ihrer Courtoisie liebt, während im Gegensatze sein Nebenbuhler, Gorvein Cadrus, nur durch ihre körperlichen Reize in Leidenschaft zu ihr entbrennt, ein Beispiel aufgestellt, wie auch die wahre, echt ritterliche Minne in der Courtoisie wurzeln müsse, und nur diese der Minne Sold zu erhalten verdiene. — Vergl. über den Begriff der Courtoisie nach mittelalterlicher Auffassung: Karl Bartsch, „Die Formen des geselligen Lebens im Mittelalter." Erlangen, 1862. 8°. S. 7, wonach auch unser Raoul den Begriff echt dichterisch, d. i. ideal aufgefasst hat.

In Rücksicht auf Sprache und Verskunst galt Raoul de Houdenc, wie erwähnt, für die grösste Autorität nächst Chretien de Troies, und es ist nicht zu läugnen, dass er durch die häufig angebrachten Dialoge dramatische Lebendigkeit seiner Erzählung zu geben gewusst hat, und dass sein Versbau im Ganzen leicht und fliessend ist und durch das öfter angebrachte Enjambement die Monotonie der kurzen Reimpaare gemildert wird.

Wir haben bemerkt, dass der von dem Dichter gewählte Held, Meraugis de Portlesguez auch in anderen Romanen von der Tafelrunde vorkommt, und wollen daher, zur Begründung dieser Angabe und zur Vergleichung des Helden unseres Gedichtes mit dem gleichnamigen Ritter jener Romane, alle uns bekannt gewordenen, auf ihn bezüglichen Stellen hier mittheilen.

Huon de Mery, der, wie bemerkt, ein Nachahmer Raoul's de Houdenc war, erwähnt in seinem „Tournoiement de l'Antechrist" nicht nur des Meraugis überhaupt, sondern mit besonderer Beziehung auf Raoul's Gedicht, dessen Hauptinhalt er sogar in folgenden Versen ganz kurz aber richtig angibt, nach der Wiener Handschrift Bl. 14*:

> Gauvans Cadrus et Meraugis
> Ont fait de leur gent deux parties,
> Et orent armes my parties
> De beauté et de courtoisie,
> Pour la tençon de leur amie
> Qui ot nom la belle Lidoine.

Gorveins Cadruz und Meraugis werden nämlich unter den Rittern der Tafelrunde aufgeführt, die das Gefolge von Largesse, Courtoisie und Prouesse bilden, mit denen sie in Christus' Lager sich einfinden, um den Antichrist und dessen Anhänger im Turnier zu bekämpfen. (In Tarbé's Ausgabe, pag. 59—60, sind die Eigennamen ganz verstümmelt, so im ersten Verse: „Corneus, Caudras et Maugis," und im letzten: "Ydoine".)

In den bekannten Verzeichnissen der Ritter von der Tafelrunde überhaupt wird auch: „Meraugis des Portz" angeführt (vergl. Grässe, Die grossen Sagenkreise des Mittelalters. Dresden, 1842, 8°. S. 150).

In einem mit unserem Gedichte gleichzeitigen, dem oben erwähnten: „Messire Gauvain ou la vengeance de Raguidel poème de la Table ronde, par le trouvère Raoul", publ. . . . p. C. Hippeau (Paris, 1862, 8°.) kömmt folgende Stelle vor, worin unter den Rittern, die sich in dem Turniere auszeichneten, das die Dame von Gautdestroit abhalten liess, auch unser Ritter genannt wird, pag. 45:

> Mervelles bien le fist cel jor
> Meraugis, cil de Porlesgués;
> Il cacha nos gens dusqu'as gués;
> Par force les ot enbussié.

In der mittelniederländischen Bearbeitung dieses Romans, die eine Episode des dritten Buches des Lancelot bildet, ist diese Stelle also gegeben (Ausgabe von Jonckbloet, D. II. S. 79, V. 11662):

> Margilans vanden Boogardo
> Deet daer harde wel met eren:
> Hi dede die onse al achter keren
> Ende sloger vele ende vine.

Ebenfalls als eines ausgezeichneten Kämpfers in Turnieren gedenkt der mittelniederländische Roman von Ferguut (Ridderroman uit den Fabelkring van de ronde Tafol, uitgeg.
door L. G. Visscher. Utrecht, 1838, 8°.) des Meraugis, der hier aber Mercagis genannt
wird [1]), nämlich:

S. 138, V. 4322 Mercagis ende Erec
und S. 173, V. 6400 Op den VI. (daghe ioesteerde) Mercagis
dien VII. stac hi van den paerde
heer Eeke, dien ridder metten baerde.

Auch in den späteren Prosa-Romanen kommt Meraugis noch als Ritter der Tafelrunde
vor; so in den drei Handschriften vom französischen Tristan [2]), welche die k. k. Hofbibliothek besitzt, Nr. 2537, 2539—40, 2542 [3]), und zwar wird er nicht nur unter den Rittern
genannt, die den Schwur leisten, den Graal aufzusuchen, wie in Nr. 2542, fol. 360°, col. 2,
wo er Meraugis de Balesgués genannt wird, sondern auch ein eigenes Capitel wird einem
Abenteuer gewidmet, worin Meraugis eine Rolle spielt (in Nr. 2542, fol. 477°, col. 3. hier
richtig: de Porlesgués; — in dem Capitelverzeichnisse der Handsch. Nr. 2537 ist dieses
Abenteuer als das Chap. CXXXIII also aufgeführt: „Comment messire Galaad, Hector et
Meraugis furent retenus prisonniers ou chastel felon, et comment ils en furent delivrés par
la voulenté notre Seigneur et en delivrerent lés damoiselles qui y estoient, et destruisirent le
chastel.“ — Wir werden später auf dieses Abenteuer zurückkommen.

Die meiste Ausbeute für die Geschichte unseres Helden fanden wir aber in der Handschrift der k. k. Hofbibliothek Nr. 2594 (früher Hist. prof. 532), die unter dem Titel:
„A Historia dos cavalleiros da mesa redonda e da demanda do santo Graal“ (in portugiesi-
scher Prosa) aufgeführt worden ist; da sie aber in der That nicht viel mehr als dem Titel
nach bekannt geworden [4]) und doch in mehr als einer Beziehung merkwürdig ist, so wollen
wir sie hier ausführlicher beschreiben.

Die Handschrift besteht aus 199 Pergament-Blättern in Folio, in zwei Spalten von zwei
Händen des 15. Jahrhunderts geschrieben.

Sie beginnt mit der Erzählung, wie Lancelot aufgefordert wird, seinen Sohn Galaad
zum Ritter zu schlagen (s. den Anfang und die Überschriften der ersten Capitel bei Mone,
a. a. O.); und erzählt dann Lancelot's und Galaad's Abenteuer — denen die vieler anderer
Ritter der Tafelrunde, wie Gauvain's, Erec's, Tristan's, Perceval's, Palomedes' u. s. w. ange-
fügt sind — bis zu Galaad's Auffindung des Graals und dessen und Perceval's Tod. Dann
heisst es Bl. 187°:

Mas ora leyxa o conto a falar das novas que trouxe Boorz aa corte de Galaaz, de Persival e do sancto
Graal, e do posfaço da rayna e de Lançaloc, e torna (a) Agravayn [5]) por contar en qual guisa el descobriu
Lançaloc e a Rayna contra el Rey.

---

[1]) In dem französischen Originale dieses Romans, dem „Roman de Fréjus“ des Guillaume II Clers haben wir keine Erwähnung des Meraugis finden können.
[2]) In den mir bekannten Drucken von diesem Romane fehlen die hier angezogenen Stellen, worin des Meraugis erwähnt wird.
[3]) Vergl. die Beschreibung dieser Handschriften in: F. Wolf, Über die Lais, S. 240—242. — Nr. 2537 hat ein Capitelverzeichniss vorausgestellt, das den anderen fehlt
[4]) Vergl. Mone's Anzeiger für Kunde des deutschen Mittelalters. Jahrg. 1838, Sp. 551. — Was wir früher darüber gesagt, in unse-
rer Primavera y Flor de romances, Tomo 1, pag. LXXXIV; und in unseren „Studien zur Geschichte der spanischen und portugiesischen Nationalliteratur,“ S. 502—503, erleidet nun nach genauerer Prüfung und Vergleichung mannigfache Berichtigung.
[5]) Bekanntlich führt die dritte Partie des französischen Prosa-Romans von Lancelot auch den Titel: „Agravain“; — vgl. Moland,
Origines littéraires de la France. Paris. 1862. 8°. pag. 49.

Hierauf folgt die Erzählung von der durch Agravain herbeigeführten Entdeckung Arthur's des Ehebruchs seiner Gemahlinn mit Lancelot, von Arthur's Fehde mit diesem, von Mordred's Verrath, bis zu Lancelot's und Arthur's Tod.

So dass der Inhalt unserer Handschrift im Ganzen der vierten (La quête du saint Graal) und fünften (La Mort d'Artur) Partie des grossen Prosa-Romans von Lancelot entspricht, die den dritten Band (von Bl. 91 an) der Ausgabe desselben von Paris, 1494, ausmachen [1], und daher diese portugiesische Handschrift ein Theil, und zwar der dritte und letzte einer Bearbeitung des französischen Prosa-Romans von Lancelot ist.

Dass ihr ein französisches Original zu Grunde liege, gibt unsere Handschrift selbst ausdrücklich an:

Bl. 121° ... mais nom vos direi como, ca o non achei em francos, nem Boiron[2]) non diz que en mais achou na grande storia do latiu de quanto eu vos conto.

Ausserdem beruft sich der Übersetzer namentlich auf den Lancelot:

Bl. 178° asy como a grande estoria de Lançaloc o devisa.

Ferner auf den Tristan:

Bl. 102° e esta rазam devisa a estorya de Tristan (eben so Bl. 103°).

Und öfter wird auf den Conto oder Romanço do Braado verwiesen, d. i. den Roman von Merlin, der auch in der gedruckten spanischen Bearbeitung den Titel führt: El Baladro del sabio Merlin. So z. B.:

Bl. 179° aventuras que nom conto aqui, mas no romanço do Braado as acharedes (ebenso Bl. 180° und 181°).

Bl. 193° (Mordrec) matou .VI. companheiros da tavola redonda de que o conto do Braado conta os nomes e os feytos.

Bl. 194° E aquela (capela) avia nome a capela neyra[3]). Mas ende ouve este nome, o Romanço do Braado o devisa, ca mais fez a seu conto c'a este.

Dass aber diese Handschrift nur einen Theil, und zwar den dritten und letzten einer Übersetzung oder Bearbeitung des Lancelot enthält, beweisen folgende darin vorkommende Stellen:

Bl. 179° Galaaz pois se partiu do cavaleyro, andou muytas jornadas o per muitos logares, que os eu nom conto, ca sobejo averia eu que fazer, se vos contasse todalas maravillas de Galaaz, o de mais a postomeyra (sic, l. postrimeira) parte do meu livro seera maior ca as duas primeyras.

---

[1] Auch der mittelniederländische Roman von Lancelot beginnt das dritte Buch mit Galaad's Ritterschlag, und das vierte und letzte mit der Veranlassung von Arthur's Befehdung Lancelot's. — In mehreren französischen Handschriften des Prosa-Romans von Lancelot bilden diese beiden Theile auch das dritte Buch; wie z. B. in der von P. Paris ›Les manuscrits français, Tome I, pag. 153) beschriebenen.

[2] Es ist damit entweder die halbmythische Person des Robert de Borron gemeint, dem einige dieser Romane die Abfassung der Geschichte vom Graal oder vielmehr deren Übertragung aus dem Lateinischen in's Französische zuschreiben; oder Hélie de Borron, der für einen Verwandten jenes Robert's und für den Fortsetzer oder Überarbeiter von dessen Werken gilt. — Vergl. UrXeee a. a. O. S. 196, 200; — Holland, Crestien von Troies, S. 120 und 136; — Moland l. c. pag. 17—18; — L. J. Hubaud, Notice d'un manuscrit appartenant à la bibliothèque publique de Marseille, suivie d'un aperçu sur les épopes provençales du moyen-âge. Paris, 1853. 8°. Das darin besprochene Manuscript ist der Roman von Gyron le courtois des Rusticien de Pise, und am Ende des Büchleins sind interessante Untersuchungen über die Verfasser der Romane von der Tafelrunde überhaupt angestellt.

[3] D. i. die chapelle noire, wie sie im Romane von Lancelot und Artus heisst, wohin der todtwunde König Arthur nach der Schlacht von Salisbury mit den einzig ihm gebliebenen Begleitern Gifflet und Lucas sich begeben hatte.

Und Bl. 193ª Todas estas cousas que aqui convem que vos nom diviso compridamento, achalo edes no conto do Braado. Ca me nom tremeti (sic, l. entremeti) de divisar compridamente as grandes batalhas que foram antre a linhagem do Rey Ban e de Rey Artur, e o emperador de Roma e Rey Artur, por seeria mais que as .iij. partes do livro.

Noch wollen wir eines eigenthümlichen Zuges dieser portugiesischen Bearbeitung erwähnen, einer Anspielung auf den Sagenkreis von Karl dem Grossen, der allerdings sich auf der pyrenäischen Halbinsel viel mehr eingebürgert hatte, als der bretonische. Es wird nämlich erzählt, dass, nachdem Arthur in der Schlacht von Salisbury (hier Salabor) den Verräther Mordred mit eigener Hand getödtet hatte, er dem Erzbischofe von Canterbury und Bliomberis befahl, den Kopf des Mordred mitzunehmen und ihn an einer grossen Kette an dem Thurme aufzuhängen, unter dem die in der Schlacht Gefallenen begraben wurden.

Dann heisst es Bl. 194ª:

Ben assy como el Rey (Arthur) mandou, assy o fezerom o arcibispo e Blioberis, ca fezerom no campo huma torre grande e poseromlhi nome: a torre dos mortos. E posserom y a cabeça de Mordaret, e estove y pendurada ata que Charles Mainoto passou a Ynglaterra e foy veer a torre. E quando Galaron o traedor, que pois fez tanto mal, como divisa, porque a cabeça de Mordaret estava ali pendurada, semelhoulhi que fora ali posta por donesto (sic) e por referimento dos traedores todos do mundo, e pessoulhi ende muyto, ca sse tija (sic, tinha?) por tal. E foy ala di noyte e despandurou-a e metou-a em logar u nom souberam pois parte d'ela. A torre ficou seu falha, aynda ora oge a dos muros d'ela.

Wir theilen nun aus dieser Handschrift alle Stellen mit, in denen wir des Meraugis erwähnt gefunden haben:

Und zwar zuerst Bl. 102ª:

Nachdem nämlich Gauvain (Galvam) den König Bandemagus[1]) getödtet hat, erscheint ein schwarzer Ritter, der ihn herausfordert, um den Tod des Königs zu rächen. Sie kämpfen und der Ritter bewährt solche Tapferkeit, dass Gauvain ihn nicht besiegen kann. Da kömmt Erec, „der Ritter, der niemals wissentlich gelogen hat," (aquel cavaleyro que nunca mentia a seu ciente) dazu und frägt den schwarzen Ritter, wer er sei:

E o cavaleyro esteve tanto que viu que (Erec) o rogava de coraço e fastousse huun pouco afora de Galvam e disse a Erec: — Senhor cavaleyro, eu vos direy meu nome, pois me tanto rogades. Eu ey nome Meraugis de Porlegues e soo de Cornvalha. Cavaleyro que nom som aynda de muita nomeada, ca nom ha muyto que foy cavaleyro. — E de cal linhagem fostes? — disse Erec. — Nom soy, — disse ol, — assy me deus ajude! Nunca soube quem foy meu padre nem minha madre nem conhoci a meu ciente homem do meu linhagem, e por esto vim a esta terra e entroy em esta demanda hu andam os cavaleyros da mesa redonda. Ca huum homem boom me disse aquel dia em que foy novel cavaleyro, que nom saberya verdade do meu linhagem amyos d'entrar na demanda do sancto Graal. Mays ali oyria ende a verdade se a mantevesse longamente. E por esto entrey hy do pos os outros.

Erec versöhnt nun den Meraugis mit Gauvain und sie begraben den König Bandemagus mit allen Ehren.

Erec erkundigt sich dann weiter bei Meraugis um seine Angelegenheit (de sa fazenda); dieser wusste aber selbst nichts mehr darüber zu berichten.

Doch wird eine Stelle aus der „Geschichte des Tristan" hier eingeschaltet, die folgende Aufschlüsse darüber gibt:

---

1) Bandemagus. König von Gorre; — vergl. Holland, Crestien von Troies. S. 112 und 205.

Bl. 102ᵃ ... e esta razam devisa a estorya de Tristam, e em esta mecsma a tange huum pouco e passa-sse por ella o melhor que pode. Ca Meraugis, sen falha, era boom cavaleyro e ardido e huum dos cortesses da sa hydade que ovesse em toda a terra. E era natural de Cornvalha, filho de Rey Mars, marido de

Bl. 103ᵇ Yxeu; mays nom o avia d'ela, ante o avia de Ladiana, hyrmaaus de Aldret¹), sobrinha d'este Rey Mars, e ouvera-a Rey Mars de virgindade por força, e fez em ella Meraugis. Onde avendo depois quando viu que era prenhada, que por pavor de seer descuberto e sccrem anbos profaçados polo mundo, feze-a meter em huma torre tas (sic, l. ata) que ouvesse filho. E quando chegou a aquela saçam levou-ha a huum muyto esquivo logar e longe de gente. E depois ouve seu filho; com pavor que sa sobrinha o nom descobrisse contra o menyno quando fosse grande, matou-ba. Asy matou Rey Mars sa sobrinha aly hu aynda estava en gran cuyta de seu parto. E nom foy esta a primeyra deslealdade que elle fez; ca muytas outras começou a que deu cabo. Do menyno, sem falha por que era seu filho, ouve huum pouco mayor piedade ca da madre; mays pero non lhe ouve tan gran piedade como padre devia aver á filho, ca bom o amostrou. Ca ali hu leyxou jazer sua sobrinha, no monte hu ha depoys comeram bestas feras, filhou o menyno ante asy e levou ataa ho camynho e pendorou (-o) em huma arvor polos pees, asy que as bestas non o podessem atanger, e pensou que alguem veeorya pollo camynho que o acharia o que o levarya, e nom dava rem por morre nem por viver, fora que o nom visse mais.

Asy se partiu Rey Mars d'ali e leyxou o menyno pendurado na arvor. Mays deus que ouve gran piedade d'el, e porque nom avia que veer na maldade de seu padre, pensou d'elle. Ca tanto que se el Rey partyo, chegou logo huum seu homem que lhe guardava a porta. E quando chegou ao menyno e o viu asy pendurado, ouve d'el gran door e despendurou (-o) toste e maravilhou-se quem o pendurara hy. Ello vyu o menyno muy fermosso á maravilha de ssa hydade e levou-ho para sa cassa e mostrou á sa molher que era boona e sesuda, e disse: — Eu nom euydo que he cristaaom e seria bem de o levarmos aa eygreya e bautizalo. Amiga, — disse o homem boom, — este menyno he muyto formosso e aceria bem á meu eoydar do o levarmos á el Rey que he nosso senhor, poys faríamos hy o qu'el mandasse. — Bem me parece, — disse a molher.

Bl. 103ᵇ Asy como o ffalaram o ffezeram e levaram o ffilho ao padre, hu sija no paço eom seus ryeos homeens, e contoulhe como a achara. E el Rey que bem conhoceo seu filho, disse: — Por boona fe algo achaste y. — E mandou lyr a bautizar, e ouve nome Meraugis de Porlegues por huum cavaleyro que lhe pos seu nome, que chamavam asy. E sabede que Porlegues era aquelo eastello hu a madre do Merlin foy morta. Rey Mars que fazia senbrante de nom conhecer seu filho, disse ao montaneyro que o gardasse e que o eriasso ata que fosse grande, que aynda serya homem boom, ca por ventura era fidalgo. E elle o ffez asy como el Rey lhe mandou, ca tanto o eriou ataa que veco á ydade de seer cavaleyro. Mas porque andavan dizendo polla cassa que Meraugis semelhava Rey Mars, ca muyto bem podiam dizer que era seu filho, tanto que Rey Mars ouvyo o todo (l. too), disse que nom querya que vivesse com elle homem sem padre. Meraugis que era homem de gran coraçom, tanto que esto ovyo, teve-sse por maltreyto, e espidiu-sse dos da corte, e depois partiu-sse de Cornvalha e disse que nom quedaria ja mais de cavalgar nem de demandar aventuras, saude avendo, ataa que achasse quem lhe disesse cuio filho era, se era cousa que homem podesse saber. E por esta aventura demandar se meteo na demanda do sancto Graal.

Mays ora leyxa o conto de falar d'elle e torna á outra aventura, e se alguem quer saber como veco á cima de sua demanda e como soube como fora pendurado na arvor, e como conoceo seu padre, e como soube que lhe matara sua madre, ffilhe a gran estoria de Tristam, ca aly o podera achar compridamente a verdade de todas estas coussas.

Hierauf wird erzählt, wie Meraugis den Erec begleitet und wie ihnen ein Mädchen begegnet, dem Erec einst für einen erwiesenen Dienst versprochen hatte, ihm die Bitte zu erfüllen, die es an ihn stellen würde. Dieses Mädchen bittet nun den Erec, es nach dem Schlosse Celisa zu begleiten und ein dort gefangen gehaltenes Fräulein mit eigener Hand zu tödten. So sehr dies dem Erec widerstrebt, sieht er, „der nie log,“ sich doch durch sein gegebenes Ver-

---

¹) In den erwähnten handschriftlichen Romanen von Tristan heisst er: „Andret neveu du roi Maro;“ — doch haben wir darin die hier auf Meraugis' Geburt bezügliche Stelle nicht gefunden.

sprechen dazu verpflichtet. Er erkennt in dem Schlosse ein seinem Vater, dem Könige Lac einst angehöriges und durch Verrath in den Besitz der Söhne seines Vatersbruders, des Königs Dirac gekommenes. Erec und Meraugis, von dem Mädchen in das Schloss eingeführt, setzen sich in Besitz desselben, erschlagen die drei Söhne Dirac's, und Erec wird von den Übrigen als ihr rechtmässiger Herr anerkannt. Da erneut das Mädchen ihre Bitte an Erec, dass er einem im Schlosse gefangen gehaltenen Fräulein den Kopf abschlage. Erec erkennt zu seinem Schreck in diesem Fräulein seine Schwester, und beschwört das Mädchen, auf seiner Bitte nicht zu bestehen; aber vergeblich; er muss sein Wort halten und den grässlichen Schwestermord begehen. Zwar wird das böse Mädchen, das dann mit dem Kopfe von Erec's Schwester fortreitet, bald darauf vom Blitze erschlagen und ganz verbrannt, während der Kopf unversehrt bleibt, aber Erec verfällt über diese ihm abgezwungene Gräuelthat in so tiefen Schmerz, dass er beschliesst, sie in der Einsamkeit abzubüssen und sich von Meraugis heimlich trennt[1]).

Bl. 107ᵇ kehrt die Erzählung (Diz o conto depois que Meraugis ficou u Erec o leyxou asy como a estorya o devisou etc.) zu Meraugis zurück, der, nachdem er entdeckt, dass, während er geschlafen, Erec ihn verlassen habe, in Klagen über Erec's Geschick und in Lob seiner ritterlichen Tugenden ausbricht. Wie er noch in Trauer um Erec versunken dasteht, sieht er einen ganz bewaffneten Ritter auf sich zukommen; es war Estor de Mares. Meraugis ergreift sogleich seine Waffen und schwingt sich auf sein Ross, um im Falle der Andere ihn zum Kampfe auffordere, bereit zu sein. Dies geschieht auch und Meraugis wird von Estor vom Pferde gestochen; macht sich aber sogleich wieder auf und greift zum Schwerte, um den Kampf zu Fusse gegen den Berittenen fortzusetzen. Dadurch gewinnt er Estor's Achtung, der ihn nun für einen Ritter der Tafelrunde hält und ihn um seinen Namen frägt[2]).

Meraugis nennt sich und erzählt Estor, was ihm mit Erec begegnet ist und wie er entschlossen sei, diesen aufzusuchen. Da stellt Estor nicht nur den Kampf ein, indem er sich als überwunden bekennt und dem Meraugis sein Schwert anbietet, was dieser aber ablehnt, sondern Estor bietet sich auch an ihn zu begleiten, um Erec, der sein bester Freund sei, aufzusuchen und wo möglich zu trösten, worüber Meraugis sehr erfreut ist.

Sie ziehen nun mit einander auf gut Glück aus, da Meraugis nicht weiss, wohin sich Erec gewendet habe.

Nachdem Erec's weitere Abenteuer[3]) berichtet worden sind, und wie er aus Rache wegen einer von ihm erlittenen Niederlage von Gauvain (Galwam) tödtlich verwundet wurde, wird:

---

[1]) Folgt Erec's Abenteuer mit einer Klossnerinn (enpardeada).

[2]) Vergl. über Hector oder Estor de Mares und seinen Zweikampf mit Meraugis, die oben S. 21 angeführte Stelle im Roman de Meraugis und die dort ausgesprochene Vermuthung.

[3]) Sie weichen von denen in den Erec-Gedichten völlig ab. Auch Gauvain's Charakter erscheint hier in einem viel ungünstigeren Lichte dargestellt, als in den meisten bekannten Gedichten und Romanen. Er verfolgt z. B. den Erec, bis weil er von ihm besiegt werden ist und überfällt und zwingt den obendrein schwer Verwundeten zu neuem Kampfe, in dem er ihn tödtet, trotzdem dass Erec ihn an ihre Freundschaft und Waffenbrüderschaft als Genossen der Tafelrunde erinnert, bloss um seine Schmach zu rächen. Doch kommen in den handschriftlichen Romanen von Tristan ähnliche Beschuldigungen Gauvain's vor, wie dass er den Erec, Palamedes, den König Bandemagus auf unritterliche Weise getödtet habe, ja 33 Ritter der Tafelrunde seien von seiner Hand gefallen. So bekennt sich am Schlusse des Romans von Tristan, Handschr. der k. k. Hofbibl. Nr. 2537, Bl. 491ᵈ, Gauvain selbst vor dem Könige Arthur als schuldig, den Tod vieler Genossen der Tafelrunde verursacht zu haben, und zwar: „nen mie pour ce que je fusse meilleur chevalier que nuls autre, mais la mescheance se tourna plus sur moy que devers nuls autres de mes compaignons. Et saichiés que se n'a mie esté por chevalerie qui soit en moy, mais ç'a esté par mon peebié. Si m'avez ore fait dire ma honte et ma grant meschéance." — Eben so ungünstig wird Gauvain im Oyron le Courtois von Hélie de Borron behandelt. Vergl. Hippeau's Ausgabe des Gauvain, pag. XVI.

5*

Bl. 114ᶜ erzählt, wie Meraugis und Estor den Erec in diesem Zustande auffanden. Sie bringen den Ohnmächtigen wieder zu sich, erkennen ihn und er ist noch im Stande, die Missethat Gauvain's ihnen mitzutheilen. Die tief betrübten Freunde versprechen, Erec's Bitte zu erfüllen, seine Leiche an Arthur's Hof zu bringen und vor allen Genossen der Tafelrunde die Veranlassung seines Todes kundzugeben. Estor schwört ihn an Gauvain zu rächen.

Bl. 115ʳ⁻ᵈ Auch Meraugis nimmt sich vor, Erec zu rächen und verwünscht Gauvain. Erec stirbt, und noch während die Beiden über seiner Leiche in Klagen ausbrechen, kommt Gariet (Gahoriet), Gauvain's Bruder dazu. Auf dessen Frage, warum sie klagen, erzählen sie ihm seines Bruders Missethat gegen Erec. Gariet, der ein loyaler Ritter war, kann es kaum glauben und bedauert sehr die That Gauvain's.

Meraugis und Estor beschliessen, um Erec's Leiche seiner Bitte gemäss an Arthur's Hof zu bringen, eine Bahre zu machen und sie von ihren Pferden tragen zu lassen, denen sie zu Fusse folgen wollten. Gariet, von ihrem Vorhaben unterrichtet und dass sie dort seines Bruders Schande verkünden wollten, wird nur noch betrübter darüber und entfernt sich schweigend, ohne von ihnen Abschied zu nehmen.

Nur mit Mühe hält Estor den Meraugis ab, dem Gariet zu folgen und an ihm seines Bruders That zu rächen.

Sie gelangten bald zu einem Schlosse, wo sie Pferde erhielten und brachten dann die Leiche nach Camaaloe, wo Arthur Hof hielt und wo sie ihn und Alle in der grössten Betrübniss fanden.

Arthur war nämlich in Trauer über die Abwesenheit so vieler Ritter der Tafelrunde. Er fand so viele Stühle leer. Die Stühle der Tafelrunde hatten aber die Eigenschaft, dass, wenn an denselben der Name des Eigenthümers zu lesen war, dieser noch lebte; verschwand aber der Name, so war es ein Zeichen, dass er gestorben. Nun hatte ihm dieses Zeichen den Tod schon so vieler Tafelgenossen verkündet. So trauerte man um den Tod des Juan o Bastardo, des Juan de Cenel[1]), des Patrides und des Königs Bandemagus, die alle Gauvain getödtet hatte; auf den höchsten Punct stiegen aber die Trauer und die Verwünschungen gegen Gauvain, als man den Tod Erec's erfuhr, der durch den namenlosen Stuhl fünf Tage früher kund geworden war, als seine Leiche an Arthur's Hof gebracht wurde. Als Estor und Meraugis nun damit dort ankamen, fanden sie wohl Alle auf die Trauerbotschaft vorbereitet, wurden aber nicht gleich erkannt, denn Estor hatte seine gewöhnlichen Waffen vertauscht und Meraugis war noch ganz unbekannt an Arthur's Hof. Meraugis berichtet nun, wie Gauvain den König Bandemagus erschlagen habe, er diesen habe rächen wollen und nur durch Erec's Dazwischenkunft daran verhindert worden sei, und wie Erec selbst dann auf so schändliche Weise von Gauvain erschlagen worden sei. Da bedauert Arthur, dass Meraugis den Gauvain nicht getödtet habe, erklärt diesen seines Sitzes an der Tafelrunde verlustig und lässt Erec mit allen Ehren in der Kirche von *Santostiano* bestatten, wo alle Ritter der Tafelrunde begraben werden.

Estor rühmt dem Könige die Tüchtigkeit des Meraugis und theilt ihm mit, dass dieser an seinem Hofe Kunde zu bekommen hoffe über seine Abkunft. Arthur nimmt Meraugis sehr gut auf und heisst ihn willkommen, wenn er bei ihm bleiben wolle. Ja, als der König des

---

[1]) Wohl Ivain l'avoutre, der Bastard, und Ivain de Lonel; — vergl. Schulz (San-Marte), Arthur-Sage, S. 306; — Chevalier au lyon, hgg. von Holland, S. 43.

andern Tages aus der Kirche zurückkehrt, stellt sich ihm ein Geistlicher vor (huum dos clerigos que as venturas dos cavaleiros andantes avia d'escrever)[1]) und bittet den König, er wolle ihm erlauben, ihm eine wunderbare Sache zu zeigen. Er führt dann den König zu dem Stuhle der Tafelrunde, der Erec eigen war, und zeigt ihm die neu darauf erschienene Aufschrift mit dem Namen des Meraugis. Daran erkennt der König, dass Meraugis bestimmt sei, Erec's Platz einzunehmen und er und alle Ritter der Tafelrunde begrüssen Meraugis nun als ihren Genossen und feiern ihn als Erec's Nachfolger.

An demselben Tage, als Meraugis diesen Platz einnahm, erschienen zwei Ritter an Arthur's Hof. Der eine, in weissen Waffen, war jener Ritter, den Perceval nicht zum Ritter schlagen wollte (era o que Persival nom quis fazer cavaleiro), der in schwarzen Waffen war Claudim, der Sohn des Königs Claudius. Dieser frägt nach Meraugis und übergibt ihm dann ein Schreiben, das ihm eine Klausnerin, die Muhme Perceval's sende (estas letras vos envia huma emparedada que eu achei bem longe d'aqui non ha gran tempo, aquela dona he tija de Persival)[2]) und in diesem Schreiben werde Meraugis wichtige Aufschlüsse über sein Geschlecht finden. Meraugis ist sehr darüber erfreut, steckt aber das Schreiben ein, um es allein zu lesen[3]).

Meraugis findet nun in dem Schreiben den Bericht über seine Herkunft und Rettung, und obwohl er erfreut ist, darüber Gewissheit erlangt zu haben, so fühlt er sich doch gedemüthiget durch das Verbrechen seines Vaters und nimmt sich vor: que se enmendaria por y contra deus e contra o mundo, e seria por hi mais sem soberba e mais homildoso. Das Schreiben aber verwahrte er wohl.

Meraugis und Estor blieben noch acht Tage am Hofe des Königs Arthur. Dieser liess nun untersuchen, wie viele Stühle an der Tafelrunde durch den Tod ihrer Besitzer leer geworden seien, seit die Ritter auszogen, um den Graal zu suchen. Es zeigte sich, dass 21 gestorben seien, deren Namen aufgezählt werden, wobei der Verfasser bemerkt:

Bl. 121ᵛ todos estes forom mortos na demanda de santo Graal; mais non vos direi como, ca o non achei em frances, nem Boiron nom diz que ca mais achou na grande storia do latin de quanto eu vos conto.

Arthur verwünscht seinen Neffen Gauvain, der Schuld an dem Tode so vieler Genossen der Tafelrunde sei.

Des andern Tages beurlauben sich Claudim, der „kleine Arthur", Estor und Meraugis von dem Könige und der Königinn, um auszuziehen, den Graal zu suchen[4]).

---

[1]) „Les clers qui les aventures aux chevaliers mettoient en escrit". Roman d'Artus, am Ende des XV. Capitels.
   L'ad: „les clercs qui les adventures du sainct Graal escripvoient que les chevaliers avoient trouvees." Am Schlusse der: Hystoire du sainct Graal. — Bei dieser Gelegenheit wollen wir bemerken, dass im Jahre 1863 für den Roxburghe Club der französische Roman vom Graal neu gedruckt worden ist nebst einer englischen Übersetzung in Versen aus der Zeit Heinrich's VI., mit einer Einleitung des Herausgebers Mr. Furnivall, worin er eine Übersetzung von Schulz, Abhandlung über die Graal-Sage (aus dessen Übersetzung der Werke des Wolfram v. Eschenbach) gibt. — S. Henry Morley, English Writers. The Writers before Chaucer; with an introductory Sketch of the four periods of Engl. Lit. London, 1864, 8°. pag. 563.
[2]) Vergl. im handschriftl. Tristan, Cap. 115: „Comment Perceval le galois parla à la recluse de la chapelle qui estoit sa tante, qui lui declara partie du mistere du saint Graal, et le destourna de combatre Galaad."
[3]) Hier folgt die Erzählung, wie Arthur in dem Ritter mit den weissen Waffen seinen Sohn, den „kleinen Arthur" (o pequeno Artur) entdeckt, den er mit der Tochter des Ritters Canas erzeugt hatte, und wie er ihm einen Sitz an der Tafelrunde einräumt, so wie auch dem Claudim. Dann kehrt die Erzählung zu Meraugis zurück.
[4]) Hier wird die Erzählung von Meraugis abermals unterbrochen, um von Galaad, Tristan und anderen Rittern zu sprechen.

Erst Bl. 163ᵃ wird aber des Estor und Meraugis wieder erwähnt, wo sie mit Galaad, Gauvin und dessen Brüdern (Guerrees, Agravain und Mordrec) zusammentreffen. Estor und Galaad begrüssen sich freudig; als aber Estor und Meraugis den Gauvain erkennen, fordern sie ihn zum Kampfe heraus, indem sie sein unloyales Verfahren gegen Erec ihm vorwerfen, dessen Tod sie an ihm zu rächen geschworen. Gauvain aber wendet dagegen ein, dass er verwundet und daher nach den Gesetzen der Tafelrunde nicht schuldig sei, die Herausforderung jetzt anzunehmen, aber binnen 40 Tagen werde er sich an Arthur's Hofe einfinden und sei dann bereit, sich zu vertheidigen. Obwohl Meraugis ihm mit Recht vorhält, dass er trotz dem, dass Erec verwundet und sein Tafelgenosse war, ihn zum Kampfe gezwungen habe, verschieben sie doch den Kampf mit Gauvain durch Galaad's Vermittlung, trennen sich aber von Gauvain und dessen Brüdern. Estor und Meraugis wollten dem Könige Arthur zu Hilfe ziehen, den sie in Camaloc vom Könige Marc belagert glaubten; als sie aber von Galaad hören, dass Marc vertrieben worden sei und dass Galaad nach dem „Königreich der fremden Erde" (reyno de terra forayna) [1]) ziehen wolle, wo es die grössten Abenteuer in Logres gebe (ali ... que aviam as mayores aventuras do reyno de Logres), beschliessen Estor und Meraugis den Galaad dahin zu begleiten.

Nachdem sie fünf Tage lang eilig fortgezogen waren, kamen sie zu einem Schlosse, Bl. 163ᵃ das das Castel felon hiess [2]) und die ganze Umgegend beherrschte. Da begegnen sie einem Fräulein, das sich mit Jagen erlustigte, das räth ihnen, nicht in das Schloss zu gehen, denn Alle, die dort einträten, würden gefangen gehalten, und zwar, weil schlechte Sitten dort herrschten. Trotz dem bestehen Galaad und seine Genossen darauf, dieses Abenteuer kennen zu lernen.

Dieses Schloss stand auf einem hohen Berge und war sehr stark befestigt. Es wurde einst von Galmanasar (im Französischen: Gabanasar), einem Verwandten des Königs Priamos von Troia, erbaut. Dieser Galmanasar und dessen Söhne waren sehr tapfer und gefürchtet, so dass Niemand sie im Besitze dieses Schlosses zu stören sich getraute. Daher blieb dieses Land ihren Erben unterworfen (aquela terra teve sa linhagem d'uum erec en outro; sie, im Französischen: do hoir en hoir), bis die Christen nach England kamen. Aber weder der König Mordrayn und Nascian (im Französichen: Mordiam und Nascien), als sie nach Grossbritannien kamen, konnten ihnen etwas anhaben, noch konnten Joseph Baramatia und Josefes [3]), dessen Sohn, sie zum Christenthume bekehren. Selbst den heil. Augustin, der sich damals in England aufhielt, verspotteten sie. Weil daher in diesem Schlosse sich die „treulosesten Menschen" (os mais felonce homens) aufhielten, wurde es das Castel felon genannt und behielt seitdem diesen Namen.

Noch zur Zeit des Königs Vterpandragon waren die Herren dieses Schlosses Heiden (im Französischen heissen sie Sarracins), und als sie Arthur's Regierungsantritt und die Stiftung

¹) „La Terre foraine," wohin der Graal gebracht worden war. — Vergl. Louis Moland. Origines littéraires de la France. Paris. 1862. 8°. pag. 38. — Das Zusammentreffen von Estor (Hector) und Meraugis mit Gauvain und dessen Brüdern wird ganz eben so im handschriftlichen Tristan erzählt, wie in Handschr. 9537, Bl. 163ᵃ.

²) Dass dieses Abenteuer auch in den handschriftlichen Prosa-Romanen des französischen Tristan vorkommt, haben wir oben bemerkt. — So in der Handschr. 9537, Bl. 444ᶜ ff. — Ja unsere portugiesische Bearbeitung ist meist wörtliche Übersetzung des Französischen.

³) Vergl. über die hier erwähnten Namen: Moland l. c. pag. 34—39.

der Tafelrunde erfuhren, beschlossen sie, um dessen Ritterschaft zu verderben, am Fusse des Schlosses eine Tafel aufzustellen mit einer Inschrift, welche die irrenden Ritter und Fräulein einlud, das Schloss zu betreten und ihnen die beste Aufnahme versprach. Dadurch verlockten sie auch Viele in's Verderben, denn die Ritter hielten sie gefangen, bis sie starben, die Fräulein aber machten sie zu ihren Beischläferinnen (barregans), und wenn sie ihrer satt waren, mussten sie Seide spinnen. Dies Verfahren blieb aber in Logres verborgen, denn die Schlossherren hüteten sich wohl, es bekannt werden zu lassen, und die Eingesperrten konnten es nicht kundmachen. Auf diese Weise hoffte Arpion, der zu Arthur's Zeit Herr dieses Schlosses war, dessen beste Ritter in seine Gewalt zu bekommen. Aber Gott hatte es anders beschlossen. Denn unsere drei Ritter waren in der That vor dem Schlosse angelangt, um Einlass zu begehren. Da senkte sich die eiserne Zugbrücke mit solchem Gerassel, als wenn das ganze Schloss einstürzen würde. Galaad und seine Freunde sahen darin zwar eine Warnung vor Verrath, aber muthig beschlossen sie das Abenteuer zu bestehen und schritten durch die Strassen der Burg auf das höher gelegene Castell (alcaçar) zu, wo man sie sehr freundlich empfing. Noch freundlicher behandelte man sie, als man sie in den Palas führte und sie als Ritter der Tafelrunde ganz besonders willkommen hiess. Sie liessen sich dadurch bereden, die Waffen abzulegen und einem alten Ritter zu folgen, der sie zu einem Tafelgenossen führen wollte, der hier krank liege. Er führte sie zu einem Erdgeschosse mit einer kleinen eisernen Thüre und hiess sie durch diese hineintreten und ihn darin erwarten; als sie aber darin waren, schloss er die Thüre und rief ihnen zu, nun seien sie auf Lebenslang gefangen und dies ihr letztes Abenteuer.

Nun beklagten die Ritter allerdings, sich also verrathen zu sehen, trösteten sich aber damit, dass Gott sie nicht verlassen werde. Während Meraugis und Estor vor Ermüdung einschliefen, richtete Galaad ein inbrünstiges Gebet zu Gott, und als auch er darauf einschlief, erschien ihm eine schöne Gestalt im Traume, die er schon einmal gesehen, und sagte ihm, er möge Muth fassen, Gott werde ihn schon morgen aus diesem Gefängnisse erlösen; aber dann solle er dieses Schloss zerstören und Alle, die darin sind vertilgen, ausser den Fräulein, die er befreien solle. Als die Ritter des andern Morgens aufwachten, tröstete Galaad sie durch die Erzählung seines Traumgesichtes. Da verfinsterte sich auf einmal der Himmel, ein fürchterliches Gewitter brach los, so gewaltig, dass selbst die Ritter davor erzitterten und im Gebete Trost vor dem dräuenden Verderben suchten, nur Galaad's Zuversicht blieb unbeirrt.

Da geschah ein so grosses Wunder, wie man in Logres noch keines gesehen. Nachdem nämlich das Ungewitter viele Stunden fortgetobt hatte, spaltete sich auf einmal der Thurm, in dem die Ritter gefangen lagen, von oben bis unten und fiel auseinander, wodurch viele der Schlossbewohner erschlagen wurden. Auch die Ritter stürzten betäubt zu Boden, doch blieben sie unversehrt, und als sie wieder zu sich kamen, dankten sie Gott, schüttelten ihre Fesseln ab und suchten ihre Waffen, um die übrig gebliebenen Verräther zu tödten.

Nachdem sie dies gethan und die Burg angezündet hatten, befreiten sie die Fräulein, deren sie gegen fünfhundert vorfanden und die nächst Gott Galaad als ihren Retter priesen, denn nur von ihm hatten sie ihre Befreiung erwartet, wie es ihnen von der Tochter des Königs von Lonblanda (im Französischen: de Norgales) vorhergesagt worden war, die ebenfalls hier gefangen sass und vor Kurzem starb.

Die Fräulein begraben dann ihre hier verstorbenen Genossinnen an einem geweihten Orte und ziehen an Arthur's Hof, um das Wunder zu verkünden. Dadurch wurden viele Ungläubige bekehrt und liessen sich taufen[1]).

Nachdem hierauf eingeschaltet wird, wie Lancelot mit seinem mütterlichen Grossvater Galegantin, der Einsiedler geworden war, zusammentraf und dieser ihm vorhersagte, dass er bald seinen Sohn Galaad finden werde, kehrt die Erzählung zu diesem, Meraugis und Estor zurück.

Bl. 166ᵇ Diese kommen nun an den Ort, wo Tristan verwundet lag und wohin (wie erzählt wurde) ihn Galaad und Palamedes früher gebracht hatten. Tristan freut sich, die Freunde wieder zu sehen und erkundigt sich nach dem Geschicke seines Ohms, des Königs Marc von Cornwall und der Iseult. Als ihm aber Galaad sagt, dass Marc allerdings von König Arthur in die Flucht geschlagen worden, aber in das Schloss von Joyeuse garde (Joyosa guarda) eingedrungen sei, dort die Königinn Iseult gefunden und sie nach Cornwall zurückgeschickt habe, wird Tristan von dieser Nachricht so ergriffen, dass alle seine Wunden von neuem aufbrachen und er lange in Ohnmacht lag. Als die Freunde ihn wieder zu sich gebracht, seine Wunden verbunden und ihn zu trösten gesucht hatten, verliessen sie ihn nach vier Tagen und zogen auf neue Abenteuer aus. Bald aber trennten sie sich und jeder zog einen anderen Weg[2]).

Es werden nun ausführlich die Abenteuer Galaad's und Estor's erzählt und erst als Galaad, Perceval und Palamedes nach Corbenie kommen, wo der Graal aufbewahrt wird, geschieht des Meraugis wieder Erwähnung, den sie dort nebst acht anderen Rittern der Tafelrunde trafen, die ausgezogen waren, den Graal zu suchen, nämlich:

Bl. 180ᵇ E pois foram (Galaad und seine beiden Gefährten) desarmados en huma das camaras que y avia, viron IX. cavaleyros da tavola redonda, que a ventura adussera y aquel dia mcesmo. Huum era Boorz de Gaunes (Bohors oder Boort König von Gannes), e outro era Melias de Donamarcha[1]) quem fezera Galaaz cavaleyro en começo da sa cavaleria. (E se vos nom falcy en esta demanda de Melian, nom me ponhades culpa, car o nom leyxey por nom fazer ele muytas boonas cavalaryas en esta demanda; ante o leyxo por men livro non seer grande sobeio. Mas quem as bondades quiser saber, no Romanço do Braado as achara.) O outro avia nome Elayn o branco (Helias le Blanc), o quarto Artur o pequeno, o quinto Meraugis de l'Orlegues, e o sexto Claudim filho do Rey Claudas, boom cavaleyro e de bona vida, e o scytemo Lanbegues, aquel cavaleyro era velho, mas muito era de sancta vida, e o oytavo era l'inabel da insua, e o nono Persidos de Calaz (Persides le gent im Roman von Tristan).

Galaad ist sehr erfreut, die Genossen hier zu finden und schliesst daraus, dass nun das Abenteuer mit dem Graal zum Abschlusse kommen werde. Hierauf folgt die Erzählung, wie es Galad in der That gelingt, den Graal zu sehen, den nach ihm Niemand mehr gesehen,

[1]) Im Französischen wird noch hinzugefügt, Arthur habe sich nach Castel felon selbst begeben, habe die Burg oder Stadt wieder aufbauen und bewohnen lassen; aber na h Kurzem seien fast alle Einwohner plötzlich gestorben, so dass der Ort bald wieder verlassen wurde. Dann habe Arthur dreimal versucht, den Thurm wieder aufbauen zu lassen, aber was in 14 Tagen gebaut worden war, stürzte in einer Nacht zusammen. Da erkannte Arthur, dass es Gottes Wille nicht sei, dass dieser Ort von ihm wieder hergestellt werde, und es wurde ihm geoffenbart, dies sei Karl dem Grossen vorbehalten, wenn er England erobern würde. Diesem gelang es in der That, den Thurm wieder aufzubauen, in dem er zum Andenken an Galaad's That dessen Statue (Ymage) aufstellen liess:

Bl. 484ᵇ „et demonra celle ymaige en telle honneur et en telle hauliesse bien l'espace de deux cens ans; mais puis en fu ostee par les mauvais roys d'Engleterre qui vindrent à povreté et à noyent par leur deffaulte du tout entrelessie leur chevalerie."

[2]) Eben so im Französischen, nur etwas weitläufiger.

[3]) Vergl. oben die Anmerkung über Meleant de Lis.

und wie er den König Pelean (Pelles) geheilt und dann seine Genossen in das Zimmer geführt habe, in dem sich der Graal befand, und sie dort mit der heil. Hostie gespeist wurden. Hierauf trennten sie sich mit grossem Schmerze von Galaad ¹).

Von dessen, des Boort, Palamedes und Perceval's ferneren Abenteuern wird noch erzählt; in Bezug auf die Übrigen und daher auch auf Meraugis wird aber auf den Romanço do Braado verwiesen:

Bl. 181ᵇ Dos outros oyto quem ovir quiser como lhis aveo, vaa a (sic) conto do Braado. A desora leyxa o conto a falar d'eles todos.

Doch wird ganz am Ende noch einmal des Meraugis erwähnt, und zwar in einem, wie es scheint, dieser portugiesischen Bearbeitung eigenthümlichen Zusatze, wenigstens ist mir dieser Schluss in keiner anderen Bearbeitung der Romane von Lancelot, Arthur, Tristan oder vom Graal vorgekommen.

Bl. 198ᵈ wird nämlich erzählt, dass, nachdem der Erzbischof von Canterbury (Catouber), Bliomberis und der König Boort den Lancelot zu Joyeuse garde begraben hatten, sie zu der Einsiedelei zurückkehrten, wo er mit ihnen die letzten Tage seines Lebens zugebracht hatte und gestorben war. Dort fürder nur dem Dienste Gottes zu leben, hatten auch sie beschlossen.

Da kam eines Tages ein ganz bewaffneter Ritter zu dieser Einsiedelei; es war Meraugis, er erkannte die früheren Genossen der Tafelrunde nicht gleich; als sie sich ihm aber genannt, Lancelot's Tod und ihre eigenen Schicksale ihm erzählt und den Entschluss mitgetheilt hatten, hier ihr Leben zu beschliessen, legt auch Meraugis seine Waffen ab und folgt ihrem Beispiele.

Inzwischen hatte der König Marc von Cornwall von der Katastrophe von Arthur's Reich, von dessen und Lancelot's Tode gehört, war sehr über das Unglück seiner Erzfeinde erfreut und beschloss, obgleich er schon sehr alt war, Arthur's Reich zu erobern, und zwar um seine Rache im vollsten Maasse zu befriedigen, wollte er alle Anhänger Arthur's tödten und Alles, was an ihn erinnerte, zerstören.

Dies gelang ihm auch, da alle Tapferen in den letzten Schlachten gegen Mordred und dessen Söhne geblieben waren; er wüthete aber nicht nur gegen die Lebenden, sondern auch gegen die Todten, insbesondere gegen Lancelot's Leiche, die er ausgraben und dessen kostbaren Sarg er in einen See werfen liess. Auch die Tafelrunde liess er zerstören.

Da sagte ihm ein Ritter, der von Cornwall war, dass noch vier Genossen der Tafelrunde in einer Einsiedelei lebten, er möge diese aufsuchen und tödten lassen, sonst könnten sie ihm leicht gefährlich werden. König Marc sandte daher vier Ritter ab mit dem Auftrage, den Erzbischof von Canterbury, den König Boort, Bliomberis und Meraugis aufzusuchen und zu tödten ²). Als die Ritter des Königs Marc aber die vier Einsiedler fanden und sahen,

---

¹) Der gedruckte Roman von Lancelot (Paris 1491) schliesst die 4ᵗᵉ partie mit der Erzählung dieser Vollendung des Abenteuers vom Aufsuchen des Graal's durch Galaad; jedoch weicht sie in Einigem von der hier gegebenen ab, wie schon aus der Überschrift des betreffenden Capitels erhellt:

Bl. 192 Comment Galaad, Perceval et Boort vindrent au chasteau de Corbenie ouquel ils furent repeus par nostre seigneur, et dix autres chevaliers en leur compaignie, et comment le roy Mehaigné fut guary de sa maladie. — Von diesen zehn Rittern wird nur ein einziger genannt, Claudius, der Sohn des Königs Claudas. Von Palamedes, dessen Abenteuer hier einen bedeutenden Raum einnehmen, ist dort nicht die Rede, und dessen Stelle vertritt dort Boort.

²) Es wird auffallen, dass hier der Verfasser vergessen zu haben scheint, dass, wie er oben aus dem Roman von Tristan mitgetheilt, Meraugis der Sohn des Königs Marc ist, wie denn überhaupt über dieses Verhältnis ausser dem Mitgetheilten nichts weiter vorkommt.

was sie für ein erbauliches Leben führten, konnten sie sich nicht entschliessen, sie zu tödten, sondern begnügten sich, dem Könige Marc deren Aufenthalt kundzugeben. Da machte sich dieser selbst, bewaffnet und nur von Einem Ritter begleitet, auf den Weg, um die ihm so sehr Verhassten mit eigener Hand zu tödten.

Die Einsiedler waren aber inzwischen von einem Ritter, Paulas (sic) mit Namen, besucht worden und hatten ihn sehr gut aufgenommen. Als daher Marc in die Einsiedelei eindringt und sogleich mit einem Schwerthiebe den Erzbischof zu Boden streckt, zieht auch Paulas sein Schwert und führt einen so gewaltigen Hieb auf des Königs Marc Haupt, dass er es bis auf die Zähne spaltete und dieser todt zur Erde fiel. Der Ritter, der den König begleitet hatte, bat nun um Gnade und musste geloben, gegen Niemand von diesem Tode des Königs zu sprechen.

Dessen Leiche begruben die Einsiedler an einem ungeweihten Orte, weil er einer der treulosesten Menschen war.

Bl. 199ᵃ Asy, como vos digo, morreu Rey Mars de Cornualba. E os ermitas ficarom na ermida en serviço de deus; y asy acabemos nos. amen.

# ANHANG

(aus der Handschrift der k. k. Hofbibliothek zu Wien, Nr. 2599, früher Hohendorf, fol. 38).

Bl. 6ª Lidoine ala en son païs.
　Gorveinz Cadrus et Meraugis
　Tindrent après chascun sa voie,
　Si com la dame les convoie,
　Vont par tout cerchant les contrees,
Bl. 6ª Et aventures ont encontrees
　Maintes, et moult s'entremetent;
　Mès de la paine qu'il i metent,
　Ne vous voil ci long conte fere,
　Que tant i a de l'autre afere
　Que bien poons laissier cestui.
　Assez orent paine et anui;
　Mès par tout si bien leur avint
　Que onques nuls en place nen vint
　Qui n'eüst assez los et pris;
　Chevaliers ont navrez et pris;
　Plus de .LX. en ce termine.
　Tant erre chascun et chemine
　Que le jor vienent, et Lidoine i fu
　Ja à la court le roi Artu,
　Por enquerre le jugement.
　On sot par tout certainement
　Que li rois seroit au Noël
　A Cardueil; tuit li hostel
　Erent ja pris, grant pièce avoit,
　Et la roïne qu'i estoit,
　Ot maintes dames ensemble o lui.
　Li rois, ainsi com je vous di,
　Tint court, et li baron i vindrent.
　Et li chevalier qui revindrent,
　Qui la bataille durent faire,
　Il se furent mis au repaire,
　Et vindrent à leur jour sans faille
　Tuit prest de fere bataille.
　Quant à la court furent venu,
　Lidoine n'a plus atendu,
　Ainz a sa parole contee
　Devant le roi, et repetee

L'amour dont cil l'aiment ainsi.
　Et quant li rois Artus l'oï,
　Moult s'en merveille, si comande
　Du jugement, qu'ele demande,
　Q'ele l'ait, et qu'il velt savoir
　Li quex doit mielz s'amour avoir.
　Et quant li baron l'entendirent,
Bl. 6ª Après ce plus n'i atendirent,
　Ainz en vont tuit en jugement.
　Keuz qui parla premierement,
　A dit oiant tous: — Sire roi,
　Je esgart que chascun l'ait par moi[1]. —
　— Dan Keu, — se dist li quens Guinables, —
　Cist jugemens n'est pas resnables;
　Mès ja ne remaindront voz gas. —
　— Sire, en gabois n'i di-je pas,
　Ançois le di por metre pes,
　Si que nuls ne metra jamès,
　Se chascun n'a sa volenté;
　Por ce, si leur venoit en gre,
　Leur loo qu'il le facent einsi. —
　— Keu, — fet li quens, — tant vous en di
　Que ja à gre ne leur vendra. —
　— Or ne sai coment il prendra —
　Dist Keuz, — mès aitant m'en tes. —
　Lors parolent li autre après,
　Et quant il ont einsi parlé,
　Et chascuns dist sa volenté,

　La roïne vient et demande
　Que ce est? Et li rois comande
　Qu' ele se tese; mès non fera,
　Moult fierement lui demanda
　Et dist: — Sire rois, om set bien
　Que tuit li jugement sont mien
　D'amours; vous n'i avez que fere. —
　Et Keuz qui plus ne se pot tere,

---

[1] Par moitié? — Vergl. nächste Seite, 2. Columne, Vers 2 von oben.

Lui dist: — Madame dit resou, —
De ce se tindrent li baron
A Keu, si dient tuit ensemble
Que ce est droitz, et reson leur semble
Qu'ele doie sa court avoir.
Et quant li rois entent por voir
Qu'ele ert seüle, si l'en saisist.
Et lors la roÿne lui dist:
— Sire, voidiez-nous ce palès;
Mes puceles dont j'ai adès,
Tendront ce jugement céenz. —
Bl.6ᵃ Atant s'asirent do banes
Li baron, et les dame vienent.
Diex! com ces robes leur avienent!
Si l'une est bele, et l'autre après plus.
Je, que vous diroie? ne nuls
Ne porroit de l'une redire
Chose, qui n'aferist à dire
De par biauté, qui là ne fust,
Qui leur biauté apercust;
On en puet un grant conte faire.
Dames i ot plus de cent paire;
Que issent des chaubres sanz plus
Ca .XXX., là .XX. de là-sus,
Et vindrent par conrois devant.
La roÿne qui fu devant,
Parla premier, et il fu droitz.
Et leur dit en haut par .ij. foitz:
— Dames, entendes, pensez-i,
Vous avez bien toutes oï
De quoi li jugemenz doit (sic) estre,
De vous doit li jugemenz nestre.
Et bien puisse estre oïz par tout. —
Lors est comenciez tot à bout
Li murmures et li estris.
Ca .XX., ça .iij., là .ij., ça .Vj.,
Vont par escolles conseillant.
Se ceste dit son bon avant,
Cele si l'a redit après.
Et quant ele a parlé adès,
L'autre redit graignour reson.
Se ceste se tient, et cele non.
Ainsi vont toutes en descorde,
Que nule de eles ne s'acorde
À parole que autre die:
— Damoisele, amee, l'amie! — ')
Anhel, damoisel de Gorvoie,
Leur dist: — Dames, ce me devoie

Du jugement que ci jugira.
Que chascuns l'aime par moitiez,
Ne ne puis ci raison veoir,
Puis que chascuns la vielt avoir;
Bl.7ᵃ Dont que je di par verité,
Que sa valour et sa biauté
Est tout, quant tout tient en lui;
Coment sera ce departi,
Ne sai, ne nuls ne set coment.
Ci est li pointz du jugement.
Or gardez qu'en vaut li corps,
Si la cortoisie estoit hors?
Noient, ne noient ne vaudroit,
Se la cortoisie n'estoit,
Li biax corps qui tot enlumine. —
— Par mon chief! — ce dist la roÿne, —
Dont ne veoi-je que ce puet estre. —
La contesse de Cyrencestre
Dist que lui covient entendre
Lidoine, dist, qu'ele vielt aprendre
Li quex l'aime mielz. — Ce covient, —
Respont Avince — ') qu'ele dist bien,
Et se chascun la vielt avoir,
Je ne puis ci reson veoir;
Li uns sanz l'autre ne vaut rien.
Ce m'est avis, par les sens mien !
C'est voirs; mès n'est pas li pointz,
Jci de près, non pas de loinez.
Li quex l'aime mielz par reson,
Ce est li pointz, ici veum,
Cil qui l'aime por son biau corps,
Ne se met de riens au dehors
Cil qui vielt par tant l'autre avoir;
Et cil revielt prover por voir
Que il l'aime par sa courtoisie,
Et par tant doit estre s'amie,
Et par tant claime le sourplus.
Après ice n'i voi-je plus,
Mès que chascun gart cent afaire:
La quele amour devroit mielz plaire,
Et li quex vient de meilleur lieu.
Jcis point prent le droit gieu.
Si doine Lidoine à l'un quitement
Sanz bataille, par jugement.
Bl.7ᵇ Par foi, — dit Lorete au blont chief. —
Vous en ditez de chief en chief

---

¹) Dieser Vers ist am unteren Rande eingeschrieben, und bei dem vorhergehenden ein Zeichen gemacht, dass hier jener einzuschalten sei, worauf eben auch die Reimlosigkeit des vorhergehenden schon gewiesen hätte; aber es scheint der Unklarheit des Sinnes nach noch mehr ausgefallen zu sein?

²) Sie: — aber weiterhin kommt wieder ein Fräulein mit dem Namen: Avine vor.

La verité qu'il i covient;
Car de ci naist et de ci vient
Li jugemenz; mès de legier
Puet-on esgarder et jugier
La quele amour puet mielz valoir.
Por quoi je ne puis pas veoir
Selone leur dit par nul esgart,
Que cil i doive avoir part
Qui l'aime si por sa biauté non;
Car qui proveroit par reson
Que seu fust la plus droite amour;
Après ce n'i voi-je meillour,
Mès qu'en amast le cutefis.
Biauté, qu'est-ce? ce est une dis,
Uns nons qui vient par aventure,
Biauté, s'en vet com ambléure,
Biauté va ca, or fust mielz!
Biauté si fiert la gent es ielz;
Biauté, qu'est-ce? qui bien vielt croire,
Ce est orgueils, par dieu! et voire,
Qui nest en lui, si com je di,
Uns nons de vilainie issi;
Ce est sa fille, par foi, ce est mon!
En amours a moult cortois non,
Voire se nature n'a pere;
L'amours qui retrait à sa mere,
Covient estre par tot cortoise.
Por quoi que à cortoisie poise;
Que ce qui naist de lui, n'est preus,
Que el soit cortoise en toz bons lieus.

Bl. 7ᵃ Por ce di-je et voil prover
Que amours doit cortoisie amer,
Et s'amours aime ce qu'il doit,
Donc aime Meraugis à droit,
Que il (l') aime por sa courtoisie.
Ce est veritez, je ne di mie,
Que Gorveinz qui por sa biauté
L'aime tout si en loiauté,
Ne d'aussi naturels amours,
Par foi, ce dit sore d'amours?
— Non — fet-il, et à ce m'acort,
Que nul egart par cest acort
Ne la puet à Gorvein doner. —
Lors oissiez dames parler;
Mès en la fin, ce m'est avis,
Se tindrent devers Meraugis
Toutes les dames à un mot,
Et la roÿne qui ce ot,
Ne dist plus. Ains fu apelez
Li rois, et lors fu recontez
En plaine court le jugement.
Et quant Gorveinz Cadruz l'entent,

Que eles le metent au defors,
Moult fu dolenz, et si dist lors:
— Ce jugement n'ottroi-je pas,
Ains voil avoir isnelepas
La bataille tot plainement.
Ne ving pas ci por jugement,
Ançois i ving por moi combatre,
Et par ice je voil abatre
Ce jugement, car il est faus,
Si le proverai desloiaus,
Si Meraugis l'ose deffendre
Celos qui lui ont fet entendre,
Qu'il la doie quite avoir. —
Et Meraugis par estovoir
Respont: — Gorveins, si diex me saut,
Ceste bataille ne vous faut,
Ja ne porroiz ici trover
L'escu au col, por vous prover

Bl. 7ᵇ Do vostre tort et de mon droit. —
— Et je sui toz pres orendroit
Do la bataille, — dist Gorvains.
N'i ot onques plus ne mains,
Ainz s'entrevienent les poinjz clos,
Ja n'i eüst plus de repos,
N'atendu armes ne chevaus;
Mès ja en fust li plus vassaus
Mis tout acortes, se ne fust
Li rois qui dist, qu'il n'i eüst
Nuls si hardis qui coup donast,
Ne qui mellee començast
En sa court, que plus ne voloit.
Et la roÿne va tot droit
As .ij. chevaliers, si leur dist:
— Seigneurs vassals, si diex m'eïst,
Ce ne vaut rien, n'i pensez ja,
Que la bataille n'i aura. —
— Dame, — dist Meraugis, — por quoi?
Si m'eïst diex, ce poise moi!
Itant vous di enfin sanz faille,
Que miels amasse la bataille
Et lui conquerre par espee,
Que avoir lui por noient trovee,
Por quoi à henor me tornast. —
— Je ne sai li quex s'en alast, —
Fet-ele, — mès tant vous en di,
Quant la bataille vous plest si,
Ançois que à honte vous acourt,
Ailleurs, non pas en ceste court
Porroiz comencier la mellee. —
— Coment, — ce dist Gorveinz, — est ce
Cele court qui si puet avoir
Bataille? — Sire, oil, voir,

S'elo pooit en autre lieu estre,
Mès en fin en ceste n'i puet estre,
Puis que li jugemens est faits. —
— Je ne ving pas por lui as plaits,
Dame, — ce dist Gorveinz Cadrus, —
Ançois i ving prover que à drus
Bl. 8ᵃ Me doit la pucele tenir.
So Meraugis veult maintenir
Ceste guerre, moult en aura,
Ja por le roi ne remaindra,
Qui a sur vous mise sa court.

Certes, assez le tenez court!
N'à moi n'en poise mie tant,
Quant ce derrieres va devant,
Et je sui céens fors jugies;
Mès itant voil que vous sachiez,
Que vous me forjugiez ma part.
Bien me tendriez à poupart,
Si diitant (sic) estoie apoiez,
De noient seroie apaiez.
l'or ce me plaing, et si ai droit.
Que en ceste court cloche le droit. —